Giacobbo · Spargel der Vergeltung

Viktor Giacobbo

Spargel der Vergeltung

Hochkritische Schwer-Kolumnen
in exakt neun Abteilungen

Umschlagbild und Illustrationen
von Peter Gut

Kein & Aber

1. Auflage, Herbst 1998
Alle Rechte vorbehalten
Copyright © 1998 by Kein & Aber AG Zürich
Gestaltung und Produktion: Tatiana Wagenbach-Stephan, Zürich
Druck und Bindung: Ebner, Ulm
ISBN 3 906542 01 7

Inhalt

Die Inkontinenz der Herrschenden 9
Eine Vorbesprechung von Peter Schneider

RECHT & ORDNUNG

Bürgerliches Chaos 15
Schweizer Interpol 17
Klägliche Produkte 20
Snöber an Board 23
Hollywood Plaza Grande 26
Robiman 29
Kopfputz 31
Chaletschutzwand 33

POLITIK & PROPAGANDA

Bärbeli und Dölfeli 37
Dienst am Stimmkunden 39
Der Faktor Pösel 42
Sauglatt gegen sensibel 45
Noch mehr Visionen 48
Rechts schreiben 51
Parteien-Rave 53

BÖRSEN & MÄRKTE

Schon wieder Haas 59
Kid-Invest 61
Die Bonität von Geld und Geist 63
Schlechte Risiken 67
Von Cottis Gnaden 69
Union of Switzerland 71

NATUR & FORSCHUNG

Immune Organe 77
Agrotheke 79
Fleischlos 82
Patentkacke 84
Die Natur wird gut 86
Zungenbrecher 89
Ein X für ein Y 91
Blöde Energie 93
Tierische Rache 96

SEX & SÜNDE

Gody und Emil 101
Paula und der Golf 104
Pornographically correct 106
Space-Sex 109
Rinderpornowahnsinn 112
Viagronomie 115
Polmässig korrekt 118
Partnerglück 121

RELIGION & ERLÖSUNG

Götterspeise 125
Apocalypse later 127
Fiat Auns 130
Doppelmax 133
Pope-Surfen im Internet 135
Putsch im Vatikan 137
Haas gewinnt 140
Aufs Dach 143
Erz in Vaduz 145

MOBILITÄT & GLOBALITÄT

Italianità ferroviaria 149
Autobahn of the Year 151
Stausatire 154
Luftablass 156
Pro Specie Rara 158

BOULEVARD & VERMISCHTES

Boulevard von vorn und hinten 163
Ein Haufen toller Höllenhunde 165
Die Satire lebt 168
Die Evitasierung Dianas 171
Kolumne des Herzens 174
Lila Eigentum 176
In und Out 179
Swissprom 182
Der neue Mann 184

INNERES & ÄUSSERES
Staatstragik 189
Spargel der Vergeltung 191
Das Wellenberg-Atoll 194
Zurück zu den Wurzeln! 197
Alles im Wallis 200
Windiger 1. August 203
Stifte im Bundeshaus 206
Volksgeschichte 209
Schweiz küsst Welt 211

Register 215

Die Inkontinenz der Herrschenden
Eine Vorbesprechung*

Darf man das? wird sich der eine oder die andere LeserIn beim Blättern durch die Seiten dieses Buches fragen. Respektive: Soll man das? Um es gleich vorwegzunehmen: Ich finde, man *muss* sogar! Wie sonst sollte man ein Buch denn überhaupt lesen, wenn man nicht einmal seine Seiten umblättern dürfte!

Wer indessen diesen (fürwahr geringen!) Aufwand nicht scheut, wird dafür um so reichlicher entlohnt: durch Texte, die ihresgleichen nicht nur suchen, sondern immer wieder auch finden.

Spargel der Vergeltung ist eines jener raren Bücher, die tatsächlich halten, was ihr Titel verspricht: Mit wehrhaft spitzem Spargel spiesst Viktor Giacobbo auf humorvolle Weise gesellschaftliche, soziale und politische Missstände auf und nimmt dabei sogar zuweilen in Kauf, dass dem Leser der Spargel unvermutet im Halse steckenbleibt und ihm das Schmunzeln auf dem Gesicht gefriert.

Unter die Gürtellinie aber zielt der Autor mit seinem «Spargel» nie. Und wo es sich dennoch nicht vermeiden lässt, auch einmal delikate Dinge des nur allzu menschlichen Geschlechtslebens zu berühren, tut er dies mit der gebotenen Behutsamkeit und in Anbetracht der damit unweigerlich verbundenen Verantwortung: «... bezüglich Therapie und Sexualität hat der Psychoanalytiker Tilmann Moser kürzlich postuliert ‹Berühren ja – Sexualität nein›... Geht das in einem Arbeitsraum, wo ständig eine Couch lockt? Mein Vorschlag als Kompromiss: Sexualität ja – Berühren nein.» Gerade aufgrund der Erfahrungen aus meiner eigenen langfädigen Praxis in der Arbeit mit Männern und Frauen jedweden Geschlechts und Alters kann ich diese Forderung nur doppelt unterstreichen.

Sowenig Viktor Giacobbos Sprache ins Schlüpfrige abgleitet, sowenig wird aus seiner «Vergeltung» je wohlfeile Verachtung oder gar sauglatter Zynismus. Statt dessen versteht er es auf unnachahmliche Weise und oftmals erst nach vielen überraschenden Wendungen und Volten, seine Spargelspitzen punktgenau im Ziel der von ihm beabsichtigten Kritik zu plazieren. Das «Anything goes» der postmodernen Beliebigkeit ist seine Sache nicht. So unternimmt er gar nicht erst den Versuch, sich bei irgendwem beliebt zu machen. Viktor Giacobbo begnügt sich keineswegs damit, die angeprangerten Missstände bloss aufzuzählen oder nur abstrakt zu geisseln. Nein, er nennt sie ganz präzis beim Namen, ohne ein Tuch vor den Mund zu nehmen. Blocher nennt er «Christoph», Christoph allerdings «Meili» und Uriella «Frau Bertschinger», um nur einige der vielen Beispiele und Exempel zu nennen. Und er tut dies niemals mit missionarischem Bierernst, sondern stets mit einem versöhnlichen Augenzwinkern über alle Parteigrenzen und Ideologien hinweg. Die Inkontinenz der Herrschenden ist ihm ebenso ein Dorn im Auge wie Totalitarismus von links oder Astigmatismus und Priapismus von rechts.

Trotz aller beabsichtigten Satire ist in diesem Buch vieles dennoch auch ironisch gemeint. Aber ich bin sicher, gerade der kritische Leser wird dies nicht nur erkennen, sondern geradezu zu schätzen wissen. Denn – wie schon Paracelsus und Beato Cello wussten – ein befreiendes Lachen ist die beste Medizin. Und erst noch rezeptfrei! Der *Spargel der Vergeltung* gehört darum ins Wartezimmer jeden Schweizer Arztes, wo er vielen Menschen hoffentlich noch lange Freude bereiten möge!

Peter Schneider

* *Abdruck gebührenpflichtig (Migros-Bank, Konto-Nr. 16.712.781.0/09)*

RECHT & ORDNUNG

Bürgerliches Chaos

Punks, so geht das doch nicht! Da habt Ihr den Mund, trotz Sicherheitsnadeln, etwas voll genommen. Der ganzen Schweiz zu versprechen, die Hauptstadt Bern in «Schutt und Asche» zu legen, gleichzeitig zu «Saufen bis zum Kotzen» – und dann doch nur Mineralwasser nippen im Untersuchungsknast. Wer ist schuld? Sicher nicht die Polizei, denn: Fährt bitteschön ein echter Punk mit der Eisenbahn in den Berner Hauptbahnhof ein, um sich dort von den Bullen direkt vom Perron pflücken zu lassen? Wie soll denn so ein ordentliches Chaos entstehen?

Damit die Chaostage im nächsten Jahr nicht wieder im gleichen Fiasko enden, muss sich der Punk von heute bewusst sein, dass eine derartige Veranstaltung nur mit einer perfekten und gewissenhaften Organisation durchzuführen ist. Von der wissenschaftlichen Seite her gibt es schliesslich gewisse Vorgaben: Die Chaostheorie ist bekanntlich eine mathematische Theorie, die sich mit Systemen befasst, deren Verhalten unvorhersagbar und scheinbar regellos ist, obwohl ihre Komponenten durch eindeutige Gesetze beherrscht werden. Kapiert? Nun wird dieser Satz mal schön gebüffelt, und erst danach wird gekotzt.

Die obige Definition der Chaostheorie stimmt insofern, als die Polizei als Systemkomponente tatsächlich durch eindeutige Gesetze beherrscht wird. Aber das Verhalten unseres Systems kann doch zuweilen schon ganz präzise vorhergesagt werden: Zur Verhinderung eines Punkeranlasses lässt es junge Menschen mit farbigen Haaren, engen

Hosen, kurzen genieteten Lederjacken und konsequent provokativem Gesichtsausdruck hoppnehmen. Da die Feinderkennung der Berner Polizisten am besagten Chaoswochenende nur auf diese Äusserlichkeiten konditioniert war, wären die Beamten unfähig gewesen, anders aussehende Leute überhaupt wahrzunehmen.

Mit andern Worten, Punks, mit ein bisschen Taktik hättet Ihr die Bundesstadt trotzdem ins Chaos stürzen können. Das vollgesprayte Leder mit tadelloser Flanellhose und Freizeitlumber vertauscht, die Frisur nach mittelländischem Fassonschnitt getrimmt, den Nasenring wieder an den Schlüsselbund, die Nadeln zurück ins Nähkästchen – kein Bulle hätte Euch wiedererkannt. Statt der Punkrockgruppe «Scheisse» aus Freiburg ein Konzert der Muotataler Juchzerfreunde – logo, nicht in der verrotteten Reithalle, sondern im Kursaal. Damit hättet Ihr Euch schon fast eine offizielle Begrüssung durch den Stadtpräsidenten verdient.

Um die chaosfeindlichen Behörden gänzlich zu verwirren, sollte auf das In-Schutt-und-Asche-Legen provokativ verzichtet werden. Das Absingen des Beresinalieds durch die neugegründete Schweizerische Punk-Union und der von Fleurop gesponserte Blumenschmuck dürften die neugestalteten Chaostage vollständig unangreifbar machen. Und wenn Ihr schliesslich ausschaut wie eine bürgerliche schlagende Studentenverbindung, dann dürft Ihr endlich noch dasselbe tun wie diese, nämlich saufen bis zum Kotzen. *(18. September 1997)*

Schweizer Interpol

Schweizerische Polizei- und sonstige Justizorgane sind in den vergangenen Tagen durch spektakuläre Auslandmissionen aufgefallen. Zwei Beamte der Zürcher Kantonspolizei reisten als Starsky and Hutch mit einem Ausschaffungshäftling im Handgepäck Richtung Somalia, um schliesslich mit derselben Fracht als Dick und Doof wieder heimzukehren. Dazwischen lag eine abenteuerliche Zwischenlandung im ostafrikanischen Djibouti, ein kostspieliger Privatflug ins bürgerkriegverwirrte Somalia und eine vorübergehende Festnahme durch Freischärler – das ist natürlich attraktiver als Verkehrsunterricht für Kindergartenschüler.

In einem andern unruhigen und gesetzlosen Drittweltland intervenierte fast gleichzeitig die oberste schweizerische Verbrechensbekämpferin: Carla del Ponte, Spezialagentin 08/15 im Dienste ihres Bundesrates, mit der Lizenz zum Verhaften. Die blusenärmelige Bundesanwältin besuchte, beschützt von drei Bodyguards, eine Korruptionskonferenz in Kolumbien. Endlich raus aus der zimperlichen und komplett vernyffeneggerten Schweiz, wollte man sich zur Entspannung ein bisschen internationale Drogenkriminalität um die Nase wehen lassen. Auf Einladung des obersten Drogenfahnders des Drogenexportlandes Kolumbien, in Begleitung des Schweizer Botschafters und eines Genfer Richters wurde zum Rundflug ins wilde Guerilla- und Kokainanbaugebiet gestartet.

Die Kolumbianer demonstrierten, wie ihr Land, dessen Präsident mit finanzieller Hilfe der Drogenmafia an die Macht gekommen ist, gegen die Kokainproduktion vorgeht: Aus Kleinflugzeugen wird Pflanzenvernichtungsmittel über dem Urwald versprüht. Gemäss widersprüchlichen Angaben sollen darauf die Sprühflugzeuge oder die gepanzerten Helikopter, in denen die Staatsanwältin und ihre Landsleute sassen, von Guerillas beschossen worden sein. Bevor die Blueschtfahrt endete, besichtigten die Bildungsreisenden noch ein echtes Drogenlabor im entlaubten Dschungel, welches den kolumbianischen Behörden vermutlich für diese Zwecke von der Mafia zur Verfügung gestellt wird.

Der Nutzen dieser gegen 40 000 Franken teuren Südamerikareise liegt auf der (öffentlichen) Hand. Denn unbestätigten Berichten zufolge soll Frau del Ponte keineswegs tatenlos im beschossenen Helikopter gesessen haben. Sie habe sich das nächste Maschinengewehr geschnappt und unverzüglich zurückgeballert. Später habe sie persönlich die Rebellen kreuz und quer durch das unwegsame Gelände verfolgt und sie schliesslich, nur mit einem Haftbefehl bewaffnet, bis in den hintersten Winkel des Urwalds abgedrängt. Eines ist seither sicher: Super-Carla, diese Mischung aus Miss Marple, Inspektor Clouseau und Sledge Hammer, soll nicht hinter Gerichtsakten versauern, sondern vermehrt persönlich an die Front.

Mit einer überraschenden Polizeiaktion wird sie demnächst auf den Bahamas eintreffen, um Werner K. Rey eigenhändig aus dem lahmarschigen Auslieferungsverfahren herauszuprügeln und heimzuholen. Dann dürfte sie als

Kommandantin einer Nato-Eingreiftruppe die Herren Karadzic und Mladic an den Ohren nach Den Haag schleppen, um sie den dortigen Richtern vor die Füsse zu werfen. Schliesslich wird sie O. J. Simpson zu einem Geständnis zwingen, indem sie ihm eigenhändig den zu kleinen Handschuh überzieht. Mit der zwangsweisen Ausschaffung des Gesamtbundesrates nach Somalia (via Djibouti) wird sie ihre erfolgreiche Karriere beenden und ihren Lebensabend in einem Veteranenheim der französischen Fremdenlegion verbringen. *(11. Juli 1996)*

Klägliche Produkte

Amerikanische Geschworenengerichte sind uns vermutlich vertrauter als unsere eigenen Rechtssprechungsverfahren. Ihre Regeln und stereotypen Redewendungen kennen wir aus Filmen, in denen der Gerechtigkeit mittels brillanter Plädoyers redegewandter Anwälte, kauziger Weisheit origineller Richter oder im letzten Moment auftauchender Zeugen zum endgültigen und glücklichen Durchbruch verholfen wird. Auch wenn wir uns dabei mit den Protagonisten identifizieren möchten – ein realistischeres Spiegelbild sehen wir jeweils in den bunt zusammengewürfelten Geschworenen: biederer Laiendurchschnitt wie wir selber, umworben von gutaussehendem juristischem Fachpersonal.

So jedenfalls stelle ich mir das Geschworenengericht in Jacksonville, Florida vor, welches vor ein paar Tagen den US-Tabakkonzern Brown & Williamson zur Zahlung von 750 000 Dollar an einen mittlerweile krebskranken Raucher verurteilt hat. In der Begründung hiess es, die Werbung für die Zigarettenmarke Lucky Strike sei irreführend gewesen und habe nicht auf die Gefahren des Rauchens hingewiesen. Die Aktienkurse der Tabakindustrie sackten nach Bekanntgabe des Urteils ins Soussol, da nun mit einer Welle von Schadenersatzklagen gegen weitere Zigarettenhersteller gerechnet wird.

Viele Raucherinnen und Raucher werden ob der Irreführung der Zigarettenindustrie bitter enttäuscht sein. Hatten sie doch jahrelang geglaubt, Rauchen sei möglicherweise gar gesund, um so mehr, als das Produkt garantiert in die Sparte non-cholesterol, low-fat, sugar-free gehört.

Ich bin mir nicht ganz sicher, ob die andauernde Hausse der amerikanischen Verklagungsindustrie auch eine indirekte Folge der Geschworenengerichte ist, wo Normalbürger ihresgleichen zum millionenschweren Recht verhelfen können. Wie auch immer, grundsätzlich sind alle Institutionen zu begrüssen, die Konsumenten vor den Fahrlässigkeiten mächtiger Konzerne schützen. Die Folgen dieser Kontrolle sind in den USA deutlich zu spüren. In Restaurants muss heute jeder servierte Suppenteller mit der Warnschrift versehen sein: Danger – no life guard on duty. So soll jeder Gast darauf aufmerksam gemacht werden, dass er einen allfälligen Ertrinkungstod auf eigenes Verschulden in Kauf nimmt.

Nach wie vor sind aber weitere gefährliche Produkte im Handel, welche ohne deutliche Warnhinweise beträchtlichen Schaden anrichten können. Immer wieder trinken uninformierte Konsumenten gebrannte Wasser, ohne zu wissen, dass sie durch den darin enthaltenen Alkohol in einen berauschten Zustand geraten können, welcher zu vorübergehender Gehbehinderung führen kann. Muss es denn erst wieder zu Prozessen gegen Hennessy, Martell und Konsorten kommen, bis sich diese Firmen zum Anbringen von Warnetiketten bequemen? Wieviele unglückliche Todesopfer wird es noch geben, bis auf einem 45er-Colt klar geschrieben steht, dass das Produkt zwar täuschend ähnlich wie ein Fön aussieht, sich aber nicht zum Haaretrocknen eignet?

Nicht nur Gebrauchsanweisungen, sondern vor allem Werbebotschaften können – wie der Prozess gegen Lucky Strike zeigte – irreführend und somit gesundheitsschädlich sein. So wirbt beispielsweise in der Schweiz die Firma FDP seit Jahren mit dem Slogan «Weniger Staat» um Stimmen, ohne sich je wirklich um die Abschaffung des Staates zu kümmern. Eine Klage von Anarchistenseite könnte hier leicht zum Erfolg führen. Auch ich werde demnächst den Chefredaktor der Zeitschrift «Facts» mit einer Millionenklage wegen Irreführung überziehen. Er hat mich bei Vertragsabschluss nicht deutlich auf die Gefahr hingewiesen, dass eine wöchentliche Kolumne bereits nach sieben Tagen wieder fällig wird. *(15. August 1996)*

Snöber an Board

Der Schweizer Snowboarder Ueli Kestenholz ist nun also der erste olympische Bronzemedaillengewinner seiner Sportart. Dies ist erfreulich, darf aber vom bisherigen Erscheinungsbild der Snowboarder nicht ablenken: Es handelt sich hier nämlich um einen hedonistischen Haufen ohne Disziplin und Trainingspläne, dessen individualistische Freerider sich noch bis vor kurzem über die hart arbeitenden Funktionäre der offiziellen Skiverbände lustig gemacht haben. Die olympischen Winterspiele in Nagano dürften nur schon deshalb zum Erfolg werden, weil es gelungen ist, die Quicksilver-gewandeten Pistenrebellen endlich zu domestizieren. Der Racer, welcher diese Tendenz nicht sieht, hat sein Nitro-Brett nicht an den Softboots, sondern vor dem Kopf.

Jedem ordentlichen Sportfan, der sich seine liebste Nebensache vertrauensvoll von den Funktionären aller Disziplinen organisieren lässt, ist es warm ums Herz geworden, als er die bretternden Nonkonformisten im braven Einheitstenü vor dem japanischen und dem olympischen Kaiser aufmarschieren sah. Seine pekuniäre Exzellenz, Juan Antonio Samaranch, hat mit den Snöbern der Jugend dieser Welt einen neuen olympischen Anreiz verschaffen können. Jetzt gilt es allerdings die Zähmung der Halfpipe-Revoluzzer zu vollenden.

In das coole Käsedress der übrigen SSV-Sportler wird man die Racer kurz vor dem Sponsorenwechsel von der Käseunion zu Swissair leider nicht mehr stecken können.

Sollte der neue Sponsor darauf bestehen, die Skisportler in Airlineuniformen die Pisten hinunterfahren zu lassen, dann dürften die frechen Snöberinnen bald den gesitteten Charme von Flughostessen ausstrahlen. Nach den Klagen der Sportpresse, die Snowboarder würden sich «noch nicht so recht in das Wertesystem des Spitzensports einfügen» («NZZ»), und der Tatsache, dass einzelne Rider ihr Board ungeheuerlicherweise noch selber wachsen, schreitet die Normierung des Freeride endlich voran. Im Rahmen der FIS wird die Windschlüpfrigkeit der trendigen Kinnbärtchen getestet und jedem Aktiven ein persönlicher Meteorologe zugewiesen. Ausserdem erwarte ich täglich die Einführung des Snöber-Biathlons, wo die Racer auf halber Halfpipestrecke zum Wettkampfschiessen zwischenhalten.

Älter gewordene und nicht mehr so ganz coole Freestyler werden mit der Schneetanzrevue «Holiday on Halfpipe» durch die überdachten und klimatisierten Snowboard-Arenen der industrialisierten Welt ziehen. Die Promotion übernimmt Don King, und zum Boardercross singen die Drei Tenöre, verstärkt durch Peter Reber und Rondo Veneziano. Der Erlös geht an das Racer-Seniorenheim «Fullpipe» in Laax. Abgeschlossen wird die Vereinnahmung der einst sympathisch-frischen Fun-Boarder zu jenem Zeitpunkt sein, wenn der erste Snöber auf einer sportüblichen SVP-Liste in den Nationalrat gewählt wird.

(12. Februar 1998)

Hollywood Plaza Grande

Es ist ein Jammer, wie wenig vor allem die deutsche Schweiz zu schätzen weiss, welches Juwel sie mit dem Kanton Tessin zum Staatsganzen zählen darf. Natürlich wird der Südzipfel mit Attributen wie Sonnenstube, Ferienkanton oder Rentnerparadies belegt – aber damit vollkommen verspiessert. Architektonisch entspricht diesem Trend die Anhäufung «malerischer» Rustici, die Deutschschweizer «originalgetreu» renovieren lassen. Bei jeder Gelegenheit fahren sie dann in den Süden, um in grottoseliger Gemütlichkeit hinter dem Boccalino zu sitzen und am 1. August mit Feuerwerk den halben Sopraceneri niederzubrennen.

Dies hat das Tessin nicht verdient. Denn der Kanton besitzt noch eine andere Seite, welche das genaue Gegenteil des von Deutschschweizern durchsetzten Zoccoli-Spiessertums ausmacht: Es ist der Landesteil mit den prächtigsten Skandalen, den spannendsten Wirtschaftsaffären und geradezu shakespearesken Politintrigen. Ausserdem wird der Kanton von rivalisierenden Familienclans beherrscht, deren Machtspiel zuweilen an die der Ghibellinen und Guelfen im mittelalterlichen Italien erinnert. Es ist an der Zeit, dass wir auch diese unterhaltsame Seite des Tessins zu geniessen lernen.

Klar, auch die übrige Schweiz ist nicht frei von pikanten Affären. Aber die lustlose Weise, wie die tristen Vorgänge um die Solothurner Kantonalbank aufgeklärt oder die Zürcher Polizeiaffäre parlamentarisch entsorgt wird, zeigt erst recht die hohe Deftigkeitsqualität der Tessiner Mauscheleien auf. Wo sonst gibt es Multimillionäre, die nach Liechtenstein entführt werden, um nach der plötzlichen Freilassung zu behaupten, sie hätten keinerlei Lösegeld bezahlt? Und wo sonst tragen diese Multimillionäre so herrliche Namen wie: Geo Mantegazza?

Gerade in diesen Tagen berichten Tessiner Zeitungen vom Locarneser Kursaaldirektor Paolo Brunetti, der die Casinokasse geplündert hat, um seinen Parteifreund Giorgio Pellanda im Wahlkampf gegen Marina Masoni (allesamt freisinnig) zu unterstützen. Frau Masoni ist die Tochter des Luganeser Clanchefs, Ex-Ständerat Franco Masoni. Dieser wird als Bankpräsident und Rechtsanwalt gefürchtet, weil er sich gemäss Presseberichten der reichen Witwe Bentinck, geborene Thyssen-Bornemisza, wie auch dem ebenso senilen wie schwerreichen Marchese Ferdinando Pica Alfieri als Beirat aufgenötigt hat, um diese und deren Erben mit unbescheidenen Honorarforderungen zu behelligen.

Parteiinterner Rivale der Masonis ist der Chef der Salvioni-Familie, die ihre Pfründe hauptsächlich im nördlichen Kantonsteil etabliert hat. Deren Hauptwidersacher sind die Cottis, der beherrschende CVP-Clan. Während Flavio die gesamte Schweiz mit Reden von geradezu adolfmuschger Intensität bedroht, wird sein Cousin Gianfranco, ebenfalls Bankpräsident, hartnäckig mit Gerüchten um die angebliche Geldwäscherei der Fimo S.A. in Verbindung gebracht. Diesem abenteuerlichen Familienfilz steht die Lega dei Ticinesi als Opposition gegenüber. Deren Chef, Giuliano Bignasca, hat die AHV-Beiträge seiner Angestellten abgezockt und zeichnet sich vor allem beim Schnupfen durch Linientreue aus, während eine seiner populärsten Grossrätinnen, die Pornodarstellerin Sandy Balestra, wegen irgendwelcher Delikte untergetaucht ist.

Hätte der ausgebuffteste Drehbuchautor einen gefreuteren Kanton entwerfen können? Ich glaube nicht. Deshalb ist mir unverständlich, weshalb sich Cineasten am Filmfestival von Locarno realitätsferne Experimentalfilme anschauen, statt sich am kompromisslosen Hollywood-Suspense hinter den Piazza-Grande-Fassaden unseres reizvollen Südkantons zu erfreuen. *(25. Januar 1996)*

Robiman

Wie jede seit Jahrtausenden domestizierte Kreatur hat auch der menschliche Mann gewisse Verhaltensweisen im Blut, die an seine wilden und ungezähmten Geschlechtsvorfahren erinnern. Eine etwas verkümmerte Form der Territorialbegrenzung hat sich durch alle Zivilisationsstufen und feministischen Umwälzungen erhalten: Männer pissen überall hin. Und zwar stehend, damit sich die markierende Sprenkelwirkung voll entfalten kann. Zwar haben sich nicht wenige bereits daran gewöhnen können/müssen, wenigstens im Haus das Wasser sitzend zu lösen. Doch ähnlich wie Hauskatzen, die in der heimatlichen Wohnung als angepasste Büchsentiger leben, aber ausser Haus sofort in das Gehabe ihrer archaischen ägyptischen Vorfahren zurückfallen, liebt der Mann in freier Wildbahn, breitbeinig und nur notdürftig von andern Menschen abgewandt, das selbstbewusste Harnplätschern.

Möglicherweise erscheint der kultivierten Leserschaft dieses Thema zu unappetitlich, uninteressant und vor allem unpolitisch. Ist es aber nicht, zumindest nicht unpolitisch. Seit sich Winterthur im Rahmen seines neuen grundsoliden Stadtmarketingmottos («Winterthur – en guete Bode») vermehrt auf die heimatliche Scholle konzentriert, sind dort Bestrebungen im Gang, das unkontrollierte Urinieren der männlichen Bevölkerung in den Griff bzw. in geordnete Bahnen bzw. in die Kanalisation zu kriegen.

Dabei hat man sich der Erfolgsstory des mittlerweile weitverbreiteten «Robidog»-Systems zur Beseitigung von

Hundekot erinnert. An mehreren prostategischen Orten der Stadt sind kürzlich kleine Behälter mit kostenlosen Pappbechern aufgestellt worden, mit deren Hilfe Frauchen den Mann beim Pissigehen ordnungsgemäss und hygienisch versäubern kann. Ob der Mann dies stehend, sitzend oder in jeder nur möglichen Körperhaltung tut, spielt keine Rolle. Abzuwarten ist allerdings, ob das Männchen dereinst seine Versäuberung per «Robiman» selber übernehmen oder ob er dazu immer die Hilfe einer Halterin brauchen wird. Finanziert werden die Abschlagbecher vorläufig durch die öffentliche Hand; für die Zukunft schliesst die Stadtregierung jedoch die Einführung einer Männersteuer inklusive -marke nicht aus.

Völlig klar ist, dass das Winterthurer Beispiel auch auf nationaler Ebene Nachahmung finden wird. Bereits hat die Grüne Partei verlauten lassen, man dürfe angesichts der zunehmenden Belastung des Menschen durch Schwermetalle, Quecksilber und Red Bull annehmen, dass die unkontrollierte Verrichtung der männlichen Notdurft zu einer Belastung der Böden und des Grundwassers führe – vom Restwasser ganz zu schweigen. Deshalb sei die Einführung der Männerversäuberung auf nationaler Ebene im direkten Sinn des Wortes ein dringendes Bedürfnis.

Allerdings müssten zuerst noch weitere Entsorgungsmethoden evaluiert werden, so zum Beispiel die Verabreichung von Pampers, Always oder wasserdichten Futteralen. Und dann dürfe auch bei dieser Frage die Gleichstellung von Mann und Frau nicht vernachlässigt werden. Denn vom Gesetz her hätten Frauen ebenfalls Anspruch auf ein «Robilady». *(20. Juli 1995)*

Kopfputz

Das Genfer Kantonsparlament hat über die Kopfbedeckung einer Lehrerin aus Châteleine beraten. Diese hatte sich, nach ihrer Konversion zum Islam, während des Unterrichts ein Kopftuch umgebunden. Die Genfer Erziehungsdirektorin Martine Brunschwig erliess darauf, offenbar in ihrem laizistischen Glauben tief getroffen, ein Kopftuchtragverbot für alle Lehrerinnen des Kantons. Nach eingehender Beratung hat nun der Grosse Rat diesen Entscheid gestützt. Schulkinder sind allerdings von der Regelung ausgenommen und können ihre Kreuzchen, Davidssterne oder Kopftücher weiterhin tragen.

Befürworterinnen und Befürworter dieses Entscheids argumentierten, die Kopfbekleidung der Lehrerin erzeuge bei den moslemischen Schülerinnen einen Konformitätsdruck wie in ihren Herkunftsländern, und ausserdem werde mit dem Kopftuch eine Ungleichheit der Geschlechter geschaffen und der Frau eine Untertanen- oder Opferrolle zugewiesen. Damit würden Männer zu potentiellen Aggressoren. Soweit die offizielle und öffentliche Begründung.

Hinter diesem Plädoyer für die «Schule als neutraler Raum» steckt wohl auch die Sorge um das einheimische Religionsgewerbe. Denn gerade Genf hat in Johannes Calvin einen eigenen Glaubensstifter, dessen heutige Nachfolger wegen der weltreligiösen Strukturkrise und der verschärften Konkurrenz der Glaubensrichtungen schwierige Zeiten durchmachen. Die Erschliessung neuer

Heilsmärkte ist schwieriger geworden, und deshalb galt für die Genfer Kantonspolitiker wohl auch der Grundsatz: Support your local Mullah.

Der Kampf der Genfer Regierung für eine laizistische Schule muss aber trotzdem ernst genommen werden. Ich bin überzeugt, dass derselbe strenge Massstab auch auf andere Glaubensrichtungen angewandt wird. Sollten im protestantischen Genf katholische Nonnen in öffentlichen Schulen unterrichten, dann würde ihnen ebenfalls die Haube verboten, und sei's nur, um ihnen keine Opferrolle zukommen und Männer nicht zu Aggressoren werden zu lassen. Über kurz oder lang wird wohl der Regierungsrat das Läuten der Kirchenglocken verbieten, damit dieses der nichtchristlichen Bevölkerung weder den angestammten Glauben noch die Morgenruhe zu rauben vermag. Hier wird ausserdem die Möglichkeit erwogen, den jüdischen, moslemischen oder buddhistischen Schülern Ohrenpfropfen auszuhändigen, damit für sie während des christlichen Glockengeläuts die «Schule als neutraler Raum» erhalten bleibt.

Selbst wenn wir das einzige Land sind, welches neben der Glaubensfreiheit auch die Palastgarde für ein üppig kostümiertes Kirchenoberhaupt stellt, sollen die Schulkinder, egal welcher religiösen Richtung, nicht durch verkleidetes Lehrpersonal indoktriniert werden. Zu fragen bleibt lediglich, was mit den zahlreichen Putzfrauen geschehen soll, die in ihrer offiziellen Kopftuchtracht die Schulhäuser säubern. Denn auch durch sie könnten andersgläubige Schülerinnen negativ beeinflusst werden und vor lauter Konformitätsdruck zur Raumpflege konvertieren.

(17. Oktober 1996)

Chaletschutzwand

In Zeiten enormer Verunsicherung gegenüber rechtsstaatlichen Einrichtungen ist man besonders dankbar, wenn eine hohe Behörde unseres Landes eine klärende Entscheidung fällt. So das Bundesgericht, welches endlich die Rechtsungleichheit zwischen lärmigen Kindern und lauten Autos beseitigt. Kinderlärm gilt demnach als zu ahndende Immission im Sinne des Umweltschutzgesetzes. Mit andern Worten, gegen das vorlaute Kroppzeug kann endlich polizeilich vorgegangen werden.

Die Lausanner Richter haben diesen Entscheid aufgrund der Klage eines lärmgeplagten Walliser Chaletbesitzers (eine besonders ruhebedürftige Volksgruppe) gegen den benachbarten Kinderspielplatz gefällt. Zwar hat das Gericht die lärmtechnische Sanierung der von einem Dutzend Kinder benützten Kinderschaukel und des Sandkastens auf einer Fläche von 140 Quadratmetern als nicht nötig erachtet. Doch hielt die oberste richterliche Behörde fest, dass auch sogenannter «Verhaltenslärm» vom Umweltrecht erfasst werden kann. Dies ist ein erster aber wichtiger Schritt gegen einen bisher kaum bekannten Umweltsünder: das Kind.

Während Flug- und Autoverkehr strenge Auflagen erfüllen müssen, gibt es immer noch zahlreiche Kindergärten, die das Ruhebedürfnis der Anwohner mit den Füsschen treten, ohne dass je um einen solchen Ort des ungehinderten Dezibels eine Lärmschutzwand gezogen worden wäre. Auch die Abgabe von Suva-Hörschutzgeräten an Pädagogen und McDonald's-Personal ist überfällig. Dabei ist kreischender Lärm nur eine der zahlreichen Immissionsarten, welche dem Kind zur Last gelegt werden müssen. Die Robidog-ähnlichen Behältnisse, welche sie, am Gesäss festgeklebt, mit sich herumtragen, sorgen für unangenehme Geruchsbelästigungen, und achtlos weggeworfene Gummibärchenpackungen verschandeln ganze Landstriche. Weder Greenpeace noch die Umweltschutzbehörden haben es bisher für nötig erachtet, gegen die verpamperten Dreckschleudern Massnahmen zu ergreifen.

Oder gibt es etwa klare Bundesgerichtsentscheide in Sachen klebrige Tischränder? Natürlich nicht. Ebensowenig ist mir eine einzige Massnahme des Gewässerschutzes bekannt, welche das Harnlassen von Kindern ohne Zucht und Scham in stehende Gewässer wie Nichtschwimmerbecken zu unterbinden versucht. In keinem einzigen Bericht der SBB über Vandalenakte wird die Zerstörung von Sitzüberzügen durch Bananenbreiflecken beklagt. Hoffentlich werden weitere Gerichtsurteile klar festlegen, dass sich nicht nur der mündige, sondern auch der mümmelnde Bürger ans Gesetz zu halten hat.

Sollte der schallgeplagte Chaletbesitzer bei einer erneuten Verletzung seines Ruhebedürfnisses durch Kinder auf Bestrafung bestehen, steht er vor einem Dilemma. Denn ebenso wie das Kinderlärmproblem ist das Kinderstrafrecht noch ungelöst, und die gängige Strafnorm, eines hinter die Löffel kleben, löst eher mehr als weniger Kinderlärm aus.

(3. April 1997)

POLITIK & PROPAGANDA

Bärbeli und Dölfeli

Regierungschefs und Minister haben für ihre Fehler bis an ihr Karriereende zu büssen. Derzeit plagen sich gleich mehrere Politgrössen der westlichen Welt mit öffentlichen Blamagen. Jacques Chirac präsentiert sich nach den Wahlen als mit Abstand dümmster Wahltaktiker der fünften Republik. Noch bedauernswerter ist Bill Clinton, der möglicherweise vor einem Gericht sein primäres Geschlechtsteil als Beweismittel vorlegen muss, um die Belästigungsvorwürfe von Paula Jones zu entkräften. Nach dem Fall Jennifer Flowers eine erneute Bestätigung dafür, dass der Präsident des mächtigsten Landes der Erde zuweilen auch nur ein Karnickel ist. Eigentlich alles Schulbeispiele dafür, wie Lächerlichkeit entsteht: Würdevolle Amtsträger werden durch peinliche Ausrutscher auf Normalmass reduziert und schaffen so jene Fallhöhe, wie sie die einfachen Abläufe der Komik erfordern.

Diese Geschehnisse auf der weltpolitischen Schwankbühne sind nur scheinbar weit von uns entfernt, denn leider hat sich auch in der Schweiz – dem Land der immerwährenden Cohabitation – ein Pendant zur Affäre Paula Jones ereignet. In der Fernsehsendung «Arena» hat Bundesrat Adolf Ogi die SP-Nationalrätin Barbara Haering Binder vor den Augen des geschockten Fernsehpublikums mit «Bärbeli» und «Meitschi» angeredet. Weil diese hochbrisante Affäre von der gesamten Presse unter den Teppich gekehrt wurde, ist es nur dem unerschrockenen Reportageteam von «10 vor 10» zu verdanken, dass der krasse

Fall von diminutiver Namensbelästigung wenigstens eine Hauptschlagzeile hervorrief. Die Empörung brandete verständlicherweise vor allem in der mit Korrektheit geschlagenen parlamentarischen Linken hoch. Die Bemerkung Ogis sei die typische Reaktion eines Mannes auf eine starke Frau, sagte Nationalrätin Cécile Bühlmann in die Kamera. Und die starke Frau Haering Binder verwies auf ihre eigene Professionalität, die allein es ihr ermöglichte, den schändlichen Angriff zu überwinden.

Was den liebesbedürftigen Ogi zur kosehaften Verkleinerungsform getrieben hat, ist wohl der eklatante Längenunterschied (für Männer stets ein heikles Thema) der Geschlechtsnamen: auf der einen Seite ein ausführliches Haering (kein Bindestrich) Binder, auf der andern ein knappes dreibuchstabiges Ogi. Die rhetorisch verkleinerte und verjüngte Nationalrätin hätte ihrem Widerpart mit einem angriffigen «Halt doch den Rand, Dölfeli!» entgegnen oder ihn für den Rest der Sendung «Bundesräteli» nennen können, aber leider verhinderte das ihre Professionalität. Schade, sie hätte dabei einmal die Lacher und nicht nur die Dauerbetroffenen auf ihrer Seite gehabt.

Und die Konsequenzen aus dem Ogigate? An den nächsten Von-Wattenwyl-Gesprächen werden auf Vorschlag von Franziskus Steinegger (ehem. Franz), Liliana Nabholz (ehem. Lili) und Ulrich Maurer (ehem. Suppenkasper) Diminutive sogar in den Geschlechtsnamen verboten. Regine Aeppli ändert den Namen in Regine Apfel, Christine Beerli nennt sich Ständerätin Beere, Werner wird zum Vetter und der Bündner SP-Bauer heisst Andrea Hammer.

(5. Juni 1997)

Dienst am Stimmkunden

Unsere eh schon recht direkte Demokratie wird immer direkter. Jedenfalls für die wenigen, die überhaupt noch an den landesweiten Urnenentscheidungen teilnehmen. Am letzten Wochenende waren es bekanntlich keine schlappen 30 Prozent mehr, in der Gemeinde Saas Grund nur noch rekordverdächtige 2 Prozent. Die einzelne Stimme der Aktivstimmbürger wird deshalb immer gewichtiger und wertvoller. Aber wehe, wenn ein PR-Unternehmen einmal die paar Adressen der regelmässigen Urnengänger rauskriegt. Vermutlich werden diese dann mit gewaltigen Mengen an Propagandamaterial oder schlimmstenfalls gar mit persönlichen Hausbesuchen der nationalen Parteichefs und Politpromis rechnen müssen.

Es ist schon viel über die Gründe der stetig sinkenden Urnen-Einwurfquoten diskutiert worden. Viele machen den verbreiteten Überdruss an der Politik und deren Protagonisten als Ursache aus, andere die Konkordanzdemokratie, wo der Wähler nicht weiss, mit welcher Partei er jetzt die Regierung oder die Opposition oder gar beides gleichzeitig stützt. Weitere Analytiker führen die Überforderung der Bevölkerung durch komplizierte Vorlagen an, die mangelnde Auswahl an Antworten (immer nur Ja oder Nein), die steigende Scheidungsrate, das Ozonloch, Nationaltrainer Artur Jorge, UFOs oder die Priesterehe.

Dabei gilt auch hier das alte Lied: Die ganze Abstimmungs- und Wahlorganisation krankt an der staatlichen Misswirtschaft. Jede kleine Privatfirma weiss besser, wie man Kunden bzw. Stimmbürger anlockt, als alle staatlichen Kanzleien zusammen. Angefangen vom muffig-pädagogischen Layout der offiziellen Abstimmungsinformationen bis zu den grauen Couverts mit den stieren Stimmzetteln (ohne Fotos) wird scheinbar alles getan, um das von den buntesten Medien verwöhnte Stimmvolk von seiner Bürgerpflicht abzuhalten. Auch der Gang zur Urne, die in einem düsteren Schulgewölbe oder im Treppenhaus eines gemeindeeigenen Mehrzweckgebäudes aufgestellt wird, verlangt vom verantwortungsbewussten Staatsbürger einiges an Selbstkasteiung.

Dies müsste nicht so sein. Man sollte endlich einen unserer Wirtschaftszampanos, Hayek oder Thomke, beauftragen, den Laden auf Vordermann zu bringen. Zuerst müssen über die Stimmzettel Anreize geschaffen werden. Hier kann man sich bei den erfolgreichsten Massenmedien unseres Landes ein Beispiel nehmen. Heute wollen die Bürgerinnen und Bürger nicht einfach nur Zeitung lesen, Fernseh schauen oder abstimmen. Das Volk ist erst zu animieren, wenn es gleichzeitig Bingo spielen, Lotto tippen oder Lose rubbeln darf. Wer also weiss, dass er per Stimmzettel nicht nur dem Bundesrat eins ans Bein rubbeln, sondern gleichzeitig eine Ferienreise ins Muotatal gewinnen kann, geht bestimmt motiviert an die Urne.

Dann soll den Stimmlokalen ein neues Outfit verpasst werden. Unter attraktiven Bezeichnungen wie Villa Wahlsinn oder Stimmeria wird für den Stimmkunden ein Ort geschaffen, an dem er keine zur Sonntagsarbeit verknurrten Stimmenzähler antrifft, sondern von liebenswürdigen Ballot-Hostessen mit einem Gratis-Cüpli empfangen wird.

Sicher, diese Modernisierung der direkten Demokratie dürfte einiges kosten; über die entsprechenden Kredite wird das Volk an der Urne befinden. Es bestehen allerdings keinerlei Zweifel darüber, dass eine derartige Vorlage angenommen wird – schliesslich sind uns die Volksrechte und deren Ausbau schon immer teuer gewesen. *(13. Juni 1996)*

Der Faktor Pösel

Natürlich bin ich nicht der erste, dem der Vergleich zwischen dem historischen Telefonat Elisabeth Kopps mit ihrem Mann und dem Ferngespräch Peter Bodenmanns mit Frau Dr. Pösel in Wien einfällt. Auf den ersten Blick haben die beiden Vorfälle wenig bis nichts miteinander zu tun, sieht man von der banalen Äusserlichkeit ab, dass je ein Mann und eine Frau mit politischem Hintergrund zusammen telefonierten. Während im Fall Kopp ehelich-libidinöse Bindungen eine Rolle spielten, ist im Fall Bodenmann höchst zweifelhaft, ob der SP-Chef möglicherweise in Frau Dr. Pösel mehr sieht als die nüchterne Nummer zwei im österreichischen Verkehrsministerium. Was allerdings beide Fälle offenlegten, war der starke Einfluss von persönlicher Unterwerfung im Beziehungsgeflecht politisierender Personen.

Wie dies im einzelnen bei den Kopps funktionierte, ist vor Jahren bis zum Überdruss in der Presse verhandelt worden und hat uns ja angesichts der verworfenen freisinnigen Züriberggesellschaft nicht weiter verwundert. Dass aber menschenverachtender Führungsstil und persönlicher Terror, gepaart mit psychischer Folter und parlamentarischer Demütigung ausgerechnet in der Sozialdemokratischen Partei Fuss fassen konnten, erfüllt mich irgendwie mit, äh, Wut und Trauer.

Die obersten Repräsentanten einer Partei, welche die Emanzipation aller geknechteten Menschen, wenn nicht gar der mittelständischen Beamten auf ihr Banner geschrieben hat, lassen sich offenbar von einem willkürlichen Despoten unterjochen. Diese beschämende Tatsache lässt sich jetzt nach Peter Bodenmanns Wallisergate nicht mehr kaschieren. Aus der bisher hermetisch abgeriegelten SP-Fraktion sind nun plötzlich verzweifelte Hilferufe an die Öffentlichkeit gedrungen. Zahlreiche unterdrückte SP-Parlamentarier trauen sich endlich, die Stammesfürstenmentalität des Präsidenten anzuprangern und die skandalösen Vorgänge an der Parteispitze aufzudecken.

Um der eigenen Partei nicht allzu sehr zu schaden, formulieren die SP-Fraktionshäftlinge ihre Knastbedingungen zwar ziemlich geschönt, doch nicht genannt sein wollende Kenner des inneren Machtzirkels reden Klartext: Wenn Bodenmann die Fraktionssitzung betritt, erheben sich alle Parlamentarier und skandieren «Lang lebe unser Präsident!». Dann nimmt der Chef unter einem grossen Bildnis von Otto Stich Platz und übergibt die neusten Skizzen seiner Briger Grossüberbauung an den Architekten Andreas Herczog, die dieser sofort reinzeichnen muss. Darauf serviert Margrith von Felten eine Tasse Kaffee, während Barbara Haering Binder des Präsidenten graue Locken onduliert. Andrea Hämmerle hat bereits den Notizblock gezückt, um den Tagesbefehl entgegenzunehmen. Hat der Chef schlechte Laune, wird er mit ein paar Statistiken von Rudolf Strahm besänftigt. Führt dies zu keiner Beruhigung, wissen die Bodenmann-Boys Rechsteiner, Ledergerber und Marti, was ihnen blüht: mindestens eine Stunde Transversalen büffeln.

So beschämend diese Situation auch sein mag: Letztlich hat der Präsident Erfolge vorzuweisen. Ausserdem konnte der durch die Ereignisse der letzten Tage etwas milder gestimmte Chef für ein fraktionsinternes Sensibility-Training unter der Leitung von Catherine Herriger und eine Lagebeurteilung durch Hugo Stamm gewonnen werden. Sollte dies alles nichts nützen, bleibt den Fraktionsmitgliedern nur noch eine allerletzte und zugegebenermassen äusserst spekulative Hoffnung: Frau Dr. Pösel in Wien. *(12. Dezember 1996)*

Der damalige SP-Präsident Peter Bodenmann telefonierte 1996 in Sachen europäische Verkehrspolitik eigenmächtig mit dem österreichischen Verkehrsministerium.

Sauglatt gegen sensibel

Die SP ist nicht zu beneiden. Während ihr innenpolitischer Hauptgegner, die SVP, aus diffamierenden Werbeslogans und dumpfen Plakaten im Stil der nazistischen 30er Jahre politisches Kapital schlägt, tritt das SP-Vorzeigemitglied Peter Bichsel wegen eines missglückten Slogans der Solothurner Genossen aus der Partei aus. Selbst die peinliche Tatsache, dass die SVP offenbar keinen Schriftsteller von Rang in den eigenen Reihen hat, stellt sich somit in diesen Tagen als klarer Vorteil heraus.

«Kussecht und vogelfrei» lautet der inkriminierte Slogan der Solothurner SP, und mit diesen Prädikaten belegen sie nicht etwa den politischen Gegner, sondern sich selber. Ich nehme an, dass es vielen Sympathisanten der Sozialdemokraten davor graut, die SP-Politiker nicht nur zu wählen, sondern gleich noch zu küssen. Sich mit «vogelfrei» als Partei selber auszugrenzen oder mit einer Acht zu belegen, mag für die Solothurner Genossen Sinn geben, mir erschliesst sich die tiefere Bedeutung leider nicht. Aber womöglich zielt der Begriff unter die berühmt-berüchtigte Gürtellinie, weg von der langweiligen Geschmackshuberei, hin zu jener Schmutzküche, wo häufig die urtümliche Komik ihr ordinäres Wesen treibt – das wäre allerdings schon wieder ein kühner Wurf.

Aber dies ist vermutlich der Punkt, an dem sich Peter Bichsel über den sogenannten «Sauglattismus» aufregt. Natürlich hat er recht, wenn er den Slogan als «beliebig» bezeichnet, aber wäre die alte muffige SP-Parole «Wir sind sozial und demokratisch» nicht ein ebenso triftiger Austrittsgrund gewesen? Weshalb diese Aufregung über junge Parteiaktivisten, die mit dem tiefernsten Ritual der Politik und den verschnarchten und nicht minder beliebigen Parolen («Für eine gesicherte Zukunft»; «Gegen Zerstörung der Lebensgrundlagen» etc.) aufzuräumen versuchen?

Bichsel ist von der SP eingeladen worden, am Parteitag über den «um sich greifenden Sauglattismus» zu reden; leider hat er die Einladung bisher nicht angenommen. Denn erstmals würde sich damit eine Partei mit Komik und Satire in der Politik auseinandersetzen. Und womöglich käme sie zum Ergebnis, dass es nicht einfach nur beliebigen Klamauk zum Ablachen gibt, sondern Komik, die einen politischen Standpunkt einnimmt. Kurz: Es würde über Satire diskutiert. Statt dessen lassen sich Kommentatoren gleich seitenweise über die Sprachsensibilität des Schriftstellers aus und über die skandalöse Weigerung der SPS-Parteispitze, Bichsel «politisches Asyl» (!) zu gewähren.

Die ganze Debatte über einen zwar missratenen, aber trotzdem erfrischenden Versuch einiger Nachwuchspolitiker, Politparolen mittels Komik etwas aufregender zu gestalten, gewinnt langsam lächerliche Dimensionen. Der Slogan wird bereits mit der Benetton-Werbung verglichen, und es fehlt nur noch der politisch korrekte Geist, der die Begriffe «menschenverachtend» oder «in bester Stürmer-Manier» einbringt. In einer Tageszeitung – selbstverständlich im Kulturteil – meldete sich der zweite grosse sprachsensible SP-Schriftsteller, Adolf Muschg, mit einer «Erklärung für Peter Bichsel», als ginge es um Leben und Tod. Mutig geisselt Muschg die «schlüpfeligen Witzchen» und die «schiere lustige Idiotie», warnt die SP, deren tägliches Brot doch die «Solidarität der Desillusionierten» sei, vor dem Verlust ihres Sinnes und ihrer Seele.

Ich denke, da leiden unsere beiden berühmtesten Schriftsteller vor lauter Sprachsensibilität etwas unter dem Verlust des Augenmasses. Dabei hat man doch gerade von Peter Bichsel keine derartigen Berührungsängste erwartet, denn immerhin ist er ja Mitarbeiter bei der «Schweizer Illustrierten», einem sensiblen Blatt, welches vor allem durch Kussechtheit hervorsticht. Als einfacher Bücherleser möchte ich zudem die schüchterne Frage stellen, ob es nicht zum Besten der Schweizer Literatur wäre, wenn sie nur ein kleines Quentchen, lediglich eine homöopathisch winzige Dosis mehr «schiere lustige Idiotie» wagen würde. Oder ist das jetzt auch nur eine sauglattistische Bemerkung? *(13. Juli 1995)*

Noch mehr Visionen

Die neusten Visionen Martin Ebners beschränken sich nicht nur auf seinen Umzug von Zürich ins steuergünstige Freienbach SZ. Seine wohl ausgeklügeltste und zukunftsweisendste Vision ist leider im Getümmel um den milliardenschweren Watschenmann der Nation etwas untergegangen. Ebner mag ja auf dem Gebiet der Profitmaximierung ein Genie sein – was er aber im Bereich Öffentlichkeitsarbeit leistet, verdient ebenfalls Anerkennung. Als an seinem vielbeachteten Zügeltag ein kleines Häufchen Schwyzer Sozialdemokraten protestierend vor dem neuen Sitz der BZ-Bank aufmarschierte, begrüsste der Financier die Demonstranten einzeln per Handschlag und bekundete «enorm viel Sympathie für die SP Freienbach». Nachdem er sich höflich die Reden seiner Gegner angehört hatte, lud er die Protestierenden zu einem kleinen Imbiss ein – die Bratwurst-Vision war geboren.

Es war schon immer eines der raffiniertesten Kampfmittel des Grosskapitals, Teile der Arbeiterklasse zu korrumpieren und damit zu spalten. Ebner ist aber noch einen Schritt weitergegangen: Er übernimmt Teile der Forderungen seiner Gegner. So liess der Zügelmilliardär den mit einem BZ-Käppi gekennzeichneten Präsidenten seiner BZ-Bank, Konrad Fischer, bei den Demonstranten mitmarschieren. Sie wollten eben, so die Begründung Fischers, dasselbe wie die Manifestierenden, nämlich eine starke, moderne Schweiz. Auch äusserlich gab Ebner dieser Forderung Ausdruck, indem er ebenfalls mit

BZ-Hütchen und kariertem Arbeiterhemd auftrat und seine charakteristische Fliege für einmal im Tresor liess.

Die Speisung der drei Dutzend setzte allerdings dem Ganzen die Krone auf. Gemäss Presseberichten verweigerte die Mehrheit der Gegner den Imbiss, lediglich drei Demonstranten seien den Verlockungen der Bratwurst-Vision erlegen. Obwohl Ebner im Gespräch mit Pressevertretern kurz die Contenance verlor und seine (bürgerlichen) Kontrahenten in Bern als Holzköpfe bezeichnete, müssen seine Imbisstaktik und die gezielte Infiltration gegnerischer Demonstrationszüge durch BZ-Kaderleute als Erfolg gewertet werden. Gewerkschaften und Linksparteien sollten sich deshalb auf die neue Strategie der hemmungslosen Gewinnmaximierer einstellen: Den Marsch durch die linken Institutionen.

Unter Ebners engsten Mit-Profiteuren befindet sich mit Kurt Schiltknecht schon seit Jahren ein SP-Mitglied (allerdings ein arg mutiertes), und es würde mich nicht wundern, wenn Ebner höchstselbst als Präsident der BZ-Personalkommission amtet. Auf eine Unterwanderung der Gewerkschaften durch die BZ-Bank weisen neuste Börsengerüchte um Aufkäufe von St.-Galler-Bratwurst-Titeln durch Ebner hin. Die explizit geäusserte «enorme Sympathie» für die SP lässt aber noch weitaus gefährlichere Schritte des Wurstholders erwarten. Jedenfalls sollte der SPS-Vorstand mit äusserster Vorsicht agieren, wenn in den nächsten Tagen ein akkurat gescheitelter Fliegenträger mit visionärem Blick auftaucht und sich für die freiwerdende Stelle als SP-Generalsekretär bewirbt. *(24. Dezember 1997)*

Rechts schreiben

Seit Monaten warte ich jetzt auf eine süffige Meinung der SVP zur deutschen Rechtschreibreform. Vergebens – oder sollte mir eine Stellungnahme entgangen sein? Es wäre unverständlich, wenn es die Nationalisten vom Dienst versäumt hätten, auf einen Gratiszug aufzuspringen. Schliesslich balgen sich zur Zeit in Deutschland Gerichte, Lehrer, Kultusminister und Schreiber aller Art um die Sprachregelung, die auch für den grössten Teil unseres Landes Gültigkeit haben soll. Und trotzdem kein Aufschrei gegen die deutschen Sprachvögte? Gegen die Einmischung von fremden Richtern in unsere geschriebenen Gutturallaute?

Scheinbar muss den hiesigen Populisten erst Pfeffer in den Arsch gestreut werden, bis sie endlich wahrnehmen, was über die Rechtschreibung gerade abläuft. Wenn jetzt der sprachlichen Einmischung des Auslands kein Riegel geschoben wird, ist letztlich gar das zu hundert Prozent einheimische Wort «Puurezmorge» in Gefahr. Ein böses Erwachen gäbe es für die SVP-Funktionäre, wenn sie auf Geheiss eines grossdeutschen Wörterbuches zum «Diplomlandwirtfrühstück» einladen müssten. Sollte sich die Volkspartei nicht energisch gegen ausländische Sprachregelungen zur Wehr setzen, wird sie in zehn Jahren zum «Fellachen-Brunch» aufrufen müssen, damit sich die zmörgelnde SVP-Basis über Toni Bortoluzzis Volksinitiative «Jugend ohne Pickel» informieren kann.

Erstaunlicherweise haben die Berufspatrioten bisher nicht realisiert, dass allein schon der Termin für die Inkraftsetzung der neuen Rechtschreiberegeln ein Affront gegen unser Land bedeutet – der 1. August 1998! Und der Bundesrat? Dieses bekannt vaterlandslose Gremium hat in seiner grenzenlosen Auslandshörigkeit beschlossen, die Schreibreform für die Bundesverwaltung als verbindlich zu erklären. Über kurz oder lang werden wohl österreichische Korrektoren und deutsche Schriftleiter unsern Beamten vorschreiben, wie sie Ferneemlassung und Oberskorckomantant zu schreiben haben.

Die SVP sollte also unverzüglich den Kampf gegen die rechtschreiberische Überfremdung aufnehmen. Bei einer halbherzigen Gegenwehr liefe die Partei allerdings Gefahr, eine ebenso ungewollte wie unheilige Allianz mit den meisten schriftstellernden Deutschlandkollaborateuren der Gruppe Olten einzugehen. Deshalb wäre ein radikaler Schritt effizienter, der über die haarspalterische Entscheidung zwischen Gemse und Gämse hinausgeht: Wer sich in unserm Land schriftlich äussern will, soll es gefälligst auf schweizerdeutsch tun. Wer die Kräfteverhältnisse in der SVP kennt, weiss auch, in welchem Kantonsdialekt die gültige schweizerische Rechtschreibung abgefasst werden soll: Züritüütsch. Dies gilt insbesondere für den Berner Flügel.

(14. August 1997)

Parteien-Rave

Inmitten der wogenden Tanzmasse sind sie natürlich keinem aufgefallen, und deshalb hat auch niemand über sie berichtet. Nicht nur jugendliche Techno-Freaks haben nämlich an der Street Parade in Zürich mitgemacht. Herausgefordert durch Beteuerungen zahlreicher Technokids in noch zahlreicheren Presseberichten, ihre Tanzbewegung sei frei von jeglichen Inhalten und somit parteilich ungebunden, haben Wahlstrategen der politischen Parteien die Witterung von unentschiedenen Wählerinnen und brachliegendem Wählerpotential aufgenommen. Warum sollte denn diese attraktive Woge von kauflustigen und vor allem markenbewussten jungen Menschen nur kommerziell, aber nicht politisch ausbeutbar sein? Dies haben sich offenbar gleich mehrere Parteisekretariate gefragt und als Antwort entlang der Paradenroute ihre Infostände installiert.

Sie waren sich selbstverständlich bewusst, dass sie den Kids nicht einfach mit den gewohnten tranigen Parteiprospekten kommen durften. Auch die Parolen wurden kurzerhand dem Geschmack der Raver angepasst. So warb etwa die CVP mit erfrischend frecher Offenheit für sich: «Die Sampler-Party ohne Inhalte.» Und für Bundesrat Cotti: «Der Tadschikistan-Flyer mit den drei Nadelstreifen.» Selbst die Freisinnigen waren um ein paar knallharte Parolen nicht verlegen: «Hi Ravers! Wir sind auch nicht revolutionär!» Ausserdem gelang es der FDP, ihren bleiernen Wahlkampfslogan mit einem kleinen Zusatz technotauglich zu machen: «Ecstasy – damit es aufwärts geht.» Um sich bei den Techno-Freaks ins beste Flackerlicht zu rücken, brauchte nur die Freiheitspartei an ihrem Slogan gar nichts zu ändern: «Bumm-bumm-bumm.»

Nicht alle Parteien warben aber mit gleichem Geschick um die Gunst der Raver. Die SVP vermochte zwar mit einer deutlichen Aussage erneut den Neid der übrigen Parteiplaner zu erregen: «Über 150 BPM (Blocher per minute) – wir machen den grössten Lärm.» Diesen Vorsprung verscherzte sie sich aber wieder mit dem abschreckenden Versprechen, an der nächsten Albisgüetlitagung die schönsten Hits des Technolabels «Low Spirit» durch die Blasmusikkapelle Luegisland nachspielen zu lassen.

Am schwersten taten sich die Sozialdemokraten mit den inhaltslosen und kapitalismusfreundlichen Jugendlichen. Die Sachwalter des messageträchtigen Jahres 1968, welche unter Underground noch etwas ganz anderes verstanden, wollten sich trotzdem das halbnackt tanzende Stimmenpotential nicht kampflos von der Konkurrenz wegwerfen lassen. Als einzige Partei begnügte sich die SP nicht mit einem Infostand, sondern fuhr an der Street Parade mit einem Lastwagen mit, der ein Soundsystem zur dezibelstarken Berieselung der Raver geladen hatte. Allerdings waren weder WestBam noch Sven Väth zu hören oder gar zu sehen, sondern lediglich die Foxtrott tanzenden Margrith von Felten und Sepp Estermann, die zu allem Unglück noch ihre Lieblingsplatten von Joan Baez abspielten.

Selbst wenn die Techno-Bewegung kommerziell bereits integriert und vermarktet ist – die eher hilflosen politischen Vereinnahmungsversuche sind vorerst gescheitert. Trotzdem wage ich zu befürchten, dass es nicht mehr lange dauern wird, bis an der Street Parade die Alt-Stadtpräsidenten in historischen Kostümen mitmarschieren, das Ganze vom Fernsehen übertragen, von Fleurop gesponsert und von einem volksnahen Folklorespezialisten live kommentiert wird. *(17. August 1995)*

BÖRSEN & MÄRKTE

Schon wieder Haas

Erneut ist an dieser Stelle die Rede vom beinahe schon blochermässig unvermeidlichen Wolfgang Haas. Dies hat seinen Grund erstens darin, dass ich ungern über chargierende Berufskollegen schreibe, und zweitens weil es mir peinlich ist, den Chur-Firsten ständig zu lobpreisen. Doch es bleibt mir keine andere Wahl: Indem er seine Firma privatisieren will, ist der geniale Bischof einmal mehr dem feindlichen Kirchenvolk um eine gestreckte Soutanenlänge voraus. Gemäss der inoffiziellen Ordinariatszeitung «Sonntags-Blick» will der abgehobene Oberhirte die finanziell mit dem Staat verbandelte Volkskirche abschaffen und dafür eine Art straff geführte Kaderpartei mit hundertfünfzigprozentigen Haasisten gründen, die grosszügig von Gläubigen bzw. Gläubigern finanziert wird. Passivmitglieder können die Dienstleistungen (von der Wiege bis zur Bahre) gegen Bezahlung beanspruchen: Beichte zum Minutentarif, Abdankung auf EC-direkt und Ablass gegen WIR-Checks.

Mit der entschiedenen Deregulierung seines Glaubensunternehmens liegt Bistumsmanager Haas voll im Trend. Auch wenn er vielleicht bei den Calvinisten die Erkenntnis abgekupfert hat, dass derjenige, welcher viel Kohle verdient und somit auch grosszügig spenden kann, besonders gottgefällig ist. Das Bekenntnis zur kapitalistischen Kirchenordnung und die absolute Konzentration auf das Kreuzholder Value machen den Churer Gottesmann zum Martin Ebner des römischen Katholizismus. Ob Haas an der nächsten vatikanischen Generalversammlung dieselbe Rolle gegenüber dem Papst spielen wird wie Ebner jeweils am SBG-Konzil gegenüber Robert Studer, ist allerdings unwahrscheinlich. Dass seine Bestrebungen aber Auswirkungen auf die gesamte Schweizer Bischofskonferenz haben werden, dürfte klar sein.

Gerade das Beispiel Telecom führt uns in diesen Tagen vor Augen, wie bei ehemals verkrusteten Staatsunternehmen der Eintritt in den freien Markt häufig mit einer Namensänderung verbunden ist. Die Firma nennt sich jetzt Swisscom. Gemäss diesem Vorbild dürfte für das Haas-Konglomerat die Bezeichnung Swisskath angebracht sein. Auch der Gang an die Börse ist vermutlich nur noch eine Frage der Zeit, selbst wenn die Bezeichnung «going public» (zum Volk gehen) bei Wolfgang Haas zwiespältige Gefühle auslösen muss.

Mit dem möglichen Erwerb von Aktien steigt natürlich die Gefahr von unerwünschten Takeovers durch die Konkurrenz. Nicht auszudenken, wenn die ebenso kapitalkräftigen wie expansionshungrigen Scientologen die Bistumsfirma übernehmen und plötzlich auf dem Dach des Churer Schlosses die Leuchtinschrift «Dianetik» prangt. Auch eine überfreundliche Übernahme durch Uriella stellt eine echte Bedrohung dar. Ich denke, letztlich könnte sich Bischof Haas nur schwer entscheiden, womit er sich eher abfinden kann: wenn ihm die progressiven Katholiken die Suppe versalzen oder Uriella mit ihrem Silberlöffel das Weihwasser verrührt. *(27. März 1997)*

Kid-Invest

Jetzt ist die Schreckensmeldung draussen: Volle 800 000 Franken kostet ein Kind bis zum 20. Altersjahr. Die Studie des Bundesamtes für Sozialversicherung hat nun endlich schlüssig bewiesen, dass Kinder fortan zu den Luxusprodukten gezählt werden müssen. Stellen wir uns nur einmal vor, welche Milliardenwerte in unsern Schulhäusern tagtäglich ungesichert auf den Schulbänken schlummern! Trotzdem scheint niemand etwas vom Sparen zu halten. Im Gegenteil, Politiker und militante Elternfunktionäre fordern in aller Öffentlichkeit, dass der Besitz dieser Luxusobjekte staatlich gefördert und finanziell unterstützt werden müsse. Frech werden sowohl Mutterschaftsversicherung wie Kinderrente gefordert. Gerechterweise müsste man aber im Gegenteil den Besitz dieser teuren Bälge kräftig besteuern.

Wenn von gewissen Kreisen die Besteuerung unschuldiger Kapitalgewinne gefordert wird, dann soll auch die protzige Zurschaustellung von Nachwuchseigentum mit einer staatlichen Abgabe belegt werden. Denn im Gegensatz zu den sauberen Shareholder Values belasten die aus den Family Values resultierenden Kinder unsere Umwelt durch hohe Pamperwerte und zertrampelte Rasenflächen. Während Raucher über die Tabaksteuer zur Kasse gebeten und damit die Passivraucher zumindest indirekt etwas entschädigt werden, wird ein grosser Teil der Bevölkerung (Singles, Zölibatäre und Impotente) durch das ungehemmte Treiben von Elternpaaren zur Passivkinderhaltung genötigt.

Statt diese bedenkliche Entwicklung noch durch staatliche Subventionen zu fördern, sollte man der privaten Finanzierung des Nachwuchses zum Durchbruch verhelfen. Interessant sind dabei Modelle zur Kinderfinanzierung über die Börse. Das freie Spiel der Marktkräfte würde Kinder mit guten Schulnoten und daher mit Aussicht auf spätere Lohnrenditen bevorzugen. Kinder entwickelten sich so von lebenden Finanzlöchern zu begehrten Investitionsobjekten. Sogenannte Blue-Chips-Kids wären zudem nicht nur für die leiblichen Eltern eine sichere Wertanlage, denn bei einem Going Public könnten auch kinderlose Anleger vom wörtlichen Kindersegen profitieren.

Dies ermöglicht zudem eine rationelle Kinderhaltung. Wie heute auch nicht jedes Kreisspital mit seinem eigenen Computertomographen spielen darf, ist in der Familienpolitik ebenfalls ein Umdenken in Richtung Kid-Sharing angesagt. Statt jede Kleinfamilie separat Kinder auf die Welt stellen zu lassen, soll dies per Los ausgewählten Paaren übertragen werden. Die Kosten für Kinderkleider, Schule und Fischstäbchen werden gemeinsam getragen. Im Gegenzug verpflichten sich die Eltern, die Kinder regelmässig den übrigen Ehepaaren auszuleihen. An Weihnachten oder Geburtstagen wird die Verteilung ähnlich wie die Waschküchenbenützung geregelt. Babysitter werden überflüssig, und die Kinder erhalten ein vielfaches an Geschenken und Zuwendung. Lediglich die lebenslange Mehrfachbelastung der Kinder an Muttertagen ist noch ungelöst.

(5. März 1998)

Die Bonität von Geld und Geist

Seit sich die Grossbanken nicht mehr scheuen, selbst auf dem äusserst riskanten, weil hitzeempfindlichen Schoggitaler-Money-Market aktiv zu werden und sich gleichzeitig von den seriösen Geldgeschäften mit klassischen Sparschweinen abwenden, wundert sich niemand mehr über das ramponierte Image der Schweizer Geldfirmen. Selbst der Sprecher der Schweizerischen Kreditanstalt musste zugeben, dass die Zurückstufung der Bank durch die Ratingagentur Standard & Poor's «realistischerweise nicht ausgeschlossen werden konnte».

Da die SKA zusammen mit dem Schweizerischen Bankverein nicht länger zu den internationalen AAA-Musterknaben, sondern lediglich noch zu den AA-plus-Buben gezählt wird, treten die gigantischen Fehlentscheide der Top-Banker offen zutage. Der Bonität beträchtlich geschadet hat vor allem der aggressive Einstieg ins Geschäft mit Mondopunkten und der internationale Handel mit Kaffeerahmdeckeli-Werten als langfristige Kapitalanlagen.

Und bereits vor Jahresfrist warnten verantwortungsbewusste Insider die betreffenden Grossbanken vor der ungehemmten Kundenwerbung unter den Allerjüngsten. Die geradezu aufdringliche Pausenplatz-Präsenz von Bankenvertretern, die wie ganz ordinäre Bonbon-Onkel unschuldigen Primarschülern die neuen Sammelkonten für Lion-King-Bildchen andrehten, haben die Analysten von Standard & Poor's offenbar missbilligend zur Kenntnis genommen. Erheblich verunsichert reagierten ausserdem jene Sparer, denen die Jahreszinsen in Form von Parkmünzen ausbezahlt wurden.

Neben der Zeugnisverteilung an die Banken ist ein anderer, doch nicht minder wichtiger Benotungsvorgang ein wenig in den Hintergrund des öffentlichen Interesses gedrängt worden. Zur selben Zeit sind nämlich auch die Bewertungen der Bonität von Grosskirchen und weiteren christlichen Gemeinschaften veröffentlicht worden. Die renommierte ökumenische Ratingagentur Goodson & Mean's hat anlässlich des internationalen Kirchensalons in Toledo die neusten Resultate veröffentlicht.

Erfreulich, dass dabei die katholische Kirche – nach schmerzlichen Rückstufungen während der letzten Jahre wegen allzu langfristiger Vereinbarungen (einige bis zum Jüngsten Tag) – erneut die Bestnote CCC (Triple Christ) in der Kategorie Weltkirchen erhielt. Ausschlaggebend waren dabei die erfreuliche Zunahme von weinenden Madonnen in Italien und die Wiedereinführung der Redewendung «Scheibe küssen» statt «Erde küssen» im Zusammenhang mit Papstreisen. Diese Höherstufung war nicht unbedingt erwartet worden, vor allem nachdem sich der Chef der österreichischen Tochterfirma, Erzbischof Groer, nach dem Vorbild der Banken auf dem morastigen Feld der Kinder-Kundenwerbung fummelte. Trotz der Topbewertung wäre es allerdings geschmacklos, hier weiter von Musterknaben zu reden.

Negativbewertungen erhielt auch auf diesem Gebiet eine Schweizer Firma. In der Kategorie «Best Zwingli of the Year» büsste das Sieber-Konglomerat an Terrain ein und erhielt nur noch die Note CC (Cash and Carry). Einzig

die grossen Reserven an Holzkreuzrequisiten und andern Symbolgegenständen von Pfarrer Sieber und dessen Schwiegersohn bewahrten die Firma vor einer noch deutlicheren Rückstufung.

Das mit Spannung erwartete Kopf-an-Kopf-Rennen um die besten Kirchenratings endete also mit einem Sieg des Vatikans. Es ist anzunehmen, dass sich daran auch nächstes Jahr nichts ändern wird. Es sei denn, es fliegen irgendwelche undurchsichtigen Finanztransaktionen zwischen dem Banco di Santo Spirito und dem Schwiegersohn des Papstes auf. *(20. April 1995)*

Schlechte Risiken

Im glitzernd bunten Markt der luxuriösen Statussymbole hat sich innerhalb weniger Monate einiges getan. Überraschenderweise vermochte sich ein Produkt durchzusetzen, mit dem wirklich niemand gerechnet hat. Mit einer protzigen Motorjacht konnte schon in den 70er Jahren selbst der dümmste Neureiche nicht mehr auftrumpfen, eine teure, aber cheap wirkende Rolex mag sich, abgesehen von den unteren Chargen der Russenmafia, niemand mehr umschnallen, und ein Ferrari, dessen tiefliegendes Chassis an jeder Verkehrsberuhigungsschwelle Funken schlägt, wirkt eben etwas lächerlich. Der junge, gesunde männliche Hedonist trägt heute eine Krankenversicherungspolice, vorzugsweise von der Helsana. Dieses Dokument weist ihn definitiv als Zugehörigen einer beneideten Kaste aus, die sich das Privileg einer Krankenversicherung leisten kann. Zudem grenzt er sich so gegen den Pöbel der Alten und Kranken ab.

Wie einst das Handy (mittlerweile vom Attribut des erfolgreich Erreichbaren zum gewöhnlichen «Facts»-Abonnentengeschenk degeneriert) wird heute das Krankenversicherungsdokument offen, für alle möglichst sichtbar, mit sich herumgetragen. Neben der Ausgliederung von unrentablen Seniorinnen, auch «schlechte Risiken» genannt, hat sich die aus dem Zusammenschluss von Helvetia und Artisana entstandene grösste Krankenkasse nicht etwa Artisetia, sondern treffend Helsana genannt. Auf englisch bedeutet dies so was wie: höllisch gesund.

Diese Entwicklung ist nur logisch, denn einzig so vermag sich eine moderne Krankenkasse ihrer eigentlichen Bestimmung zu widmen: der Begleichung von Chefarzthonoraren. Die bei dieser noblen Aufgabe störenden «schlechten Risiken» müssten anderweitig betreut werden. Die Prämien für Risikorentner könnten gesenkt werden, wenn die schlechten Senioren sich für die kostengünstige Zusatzversicherung entscheiden würden. Diese, GABI genannt, gewährt den Versicherten im Krankheitsfall die uneingeschränkte Betreuung durch Zivilschutzangehörige, welche die Kranken als Gegenleistung zu Übungszwecken auf coupiertem Gelände herumtransportieren dürfen.

Eine vielpropagierte Massnahme zur Senkung der Prämien ist die Erhöhung der Franchise. Auch da werden in Kürze Modelle angeboten, die gleichzeitig die administrativen Kosten von Krankenkassen verringern helfen: Mit der neuartigen Monatsfranchisenvorsorge für schlechte bis schlimme Risiken lassen Pensionierte die monatlichen AHV-Renten direkt an Chefärzte oder die Pharmaindustrie überweisen. Im Krankheitsfall erhält der Versicherte schnell und unbürokratisch eine Flasche Kamillosan zugesandt.

Nun gibt es heute schon alte Patienten, welche zu den guten Risiken gezählt und deshalb von unserem Staat beschützt und betreut werden. Zum Beispiel Mobutu, ein vorbildlicher Senior aus Zaire, welcher sich in einem Lausanner Hotel-Spital ganz auf eigene Kosten pflegen liess. Devise: Helsana in Portemonnaie sano.

(7. November 1996)

Von Cottis Gnaden

Damit der zu jähzornigen Ausbrüchen neigende Flavio Cotti nicht jeden seiner weltweit verstreuten Botschafter einzeln anschreien muss, hat er kürzlich das Corps diplomatique zur jährlichen Botschafterkonferenz nach Bern zitiert. Dieses Jahr werden die Missionschefs aber nicht nur durch ihren Boss im allgemeinen geplagt, sondern durch die happigen Kürzungen der Zulagen, welche die Diplomaten bisher erhielten. Dies hat die diskreten Staatsvertreter zu einer für ihren Berufsstand recht renitenten Unterschriftenaktion veranlasst, mit der sie sich gegen den sparenden Chef zu wehren versuchen. Denn ihm gegenüber hilft ihnen keinerlei diplomatische Immunität.

Geschäftsträger, die von bundesrätlichem Mobbing bedroht sind, können sich von ihrer Natur her nur schwer verteidigen. Sind sie doch in der Kunst geschult, selbst krasseste Vorkommnisse in der gepflegten Diplomatensprache abzuwiegeln («Eure hochgeschätzte Exzellenz, es ist mir eine ausserordentliche Ehre, Ihnen höflichst mitzuteilen, dass meine Regierung gewillt ist, Ihr Land auszuradieren.»). Die Botschafter stehen nun dem unerbittlichen Cotti gegenüber, der sich zwar auch eher blumig als unverblümt verlautet, aber dennoch keinen Widerspruch duldet.

Vermutlich wird die Gehaltskürzung nicht die letzte Unbill sein, die unsere Diplomaten zu verkraften haben. Diese werden sie vermutlich noch kompensieren können – durch die Untervermietung der Residenzen an ihre abchasischen Kollegen etwa oder durch eine kleine einträgliche

Spionagetätigkeit im Nebenerwerb. Viel bedrohlicher dürfte die Situation werden, wenn der Bundesrat die Botschafterposten gemäss amerikanischem Vorbild an verdiente oder besonders motivierte Staatsbürger vergibt: Jean Ziegler als Geschäftsträger bei der Weltbank, Tony Rominger als Wasserträger in Monaco und Giuliano Bignasca als Chef des Koks diplomatique in Kolumbien.

Bereits mit den bisherigen Quereinsteigern hat Cotti die altgedienten Parkettdiplomaten verärgert, welche noch von der Pike auf gelernt haben, wie man Austern schlürft und gleichzeitig verbindlich lächelt. Für besonders wichtige Sondermissionen setzt der cholerische Tessiner schon heute eigentliche Diplomatiestars ein, siehe Task-Force-Chef Thomas «Handsome» Borer. Mit ihm hat das Corps zweifellos etwas internationalen Glamour abbekommen, denn der Jet-Set-Emissär hat den meisten seiner Kollegen etwas voraus, was ihn für die USA besonders erfolgreich macht: Er ist mit der Ex-Miss-Texas Shawne Fielding liiert.

Damit werden die Amerikaner, die mit der Entsendung der schweizstämmigen Madeleine Kunin als Botschafterin in Bern eine geschickte Wahl getroffen haben, auf ihrem ureigenen PR-Feld geschlagen. Die Beziehungen zu den USA müssten jetzt mit der Akkreditierung von John Brack als Missionschef in Washington weiter vertieft werden. Dies als prophylaktische Massnahme, denn sollten Alphonse D'Amatos Republikaner die nächsten Wahlen gewinnen, würde der Botschafterposten in Bern erneut mit einer Quereinsteigerin besetzt: mit der schweizstämmigen Giuseppina Meili. *(21. August 1997)*

Union of Switzerland

Die Traumhochzeit zwischen Mathis Cabiallavetta und Marcel Ospel, welche der Börse am Tage der Eheverkündung eine Mitgift von süssen 8,5 Milliarden Franken beschert hat, ist von der Berner Politelite mit verlegener Machtlosigkeit betrachtet worden. Völlig erschlagen von den schon beinahe lachhaft hohen Geldbeträgen im rekordträchtigen Umfeld der Megagigafusion, die in die brandneue Union Bank of Switzerland mündete, versuchte die Öffentlichkeit, Sieger und Verlierer zu orten und zu benennen. Bei den erwarteten 11 Milliarden Franken UBS-Reingewinn im Jahr 2002 und dem gleichzeitigen Abbau von 7000 Arbeitsplätzen gelang dies auch einem Laien relativ rasch.

Trotzdem wunderten sich viele in naiver Unkenntnis, warum zwei Grossbanken, deren Geldspeicher bereits zum Bersten voll sind, zusammen noch mehr Kröten, Piepen, Zaster, Mäuse anhäufen wollen. Bankenfachleute argumentierten einerseits mit der Globalisierung des Marktes, aber vor allem auch mit den Tätigkeitsfeldern von Bankverein und Bankgesellschaft, welche sich perfekt ergänzten. Wenn dies das Kriterium für eine Grossfusion ist, dann ergibt sich eine weitere Konzentration: Ebenfalls perfekt ergänzen sich nämlich die Operationsgebiete von UBS und Eidgenossenschaft: Die Bank entlässt Tausende von Mitarbeitern, und der Staat kommt dafür auf. Angesichts der Globalisierung der Grossbanken erleben die Politiker eine Globisierung.

Ein Zusammenschluss unter dem Namen Union of Switzerland ist deshalb fast zwingend. So wie die Kräfte-

verhältnisse im Moment liegen, käme allerdings eher eine Übernahme des Staates durch die Bank in Frage. Welches Interesse hätten aber Cabiallavetta und Ospel an unserem verschuldeten Staatswesen? Neben der Bewahrung des kapitalgewinnfreundlichen Steuersystems wären es vor allem die jüngsten Aktivitäten der Schweizer Diplomatie. Schliesslich hat sich das Aussenministerium in den letzten Jahren mit kaum was anderem beschäftigt, als das Kriegsgewinnlerimage der Schweiz wieder auszubügeln, welches in der Vergangenheit durch die Goldgeschäfte und die «Vermögensverwaltung» der Grossbanken entstanden ist.

Alles in allem ist der Staat das ideale und willfährige Dienstleistungsunternehmen für die Bank. Bereits heute kümmert sich ja die staatliche Post um die Kleinsparerpeanuts, welche die Banker in Erinnerung an ihre Filialenvielfalt mit leisem Ekel Retail Banking nennen. Und schliesslich vergibt der Staat unter der Bezeichnung Investitionsspritzen jene Kredite an kleinere Unternehmen, welche die Banken nur noch widerwillig gewähren.

Bei einer Fusion UBS–Schweiz dürfte es in Bern zu einem markanten Stellenabbau kommen. Aber für die oberste Führungscrew der Eidgenossenschaft würde der Abgang mindestens so kapitalverträglich abgefedert wie derjenige von Robert Studer. Vermutlich sehnen Parlament und Landesregierung diese Entwicklung nachgerade herbei. Indem sie zuschauen müssen, wie wenig sie zu den wirklich wichtigen Milliardendeals zu sagen haben, fühlen sie sich nämlich ebenso einflussreich wie der Erzbischof von Vaduz. *(11. Dezember 1997)*

NATUR & FORSCHUNG

Immune Organe

Kaum fusioniert, machen Ciba und Sandoz ihrem gehaltvollen Namen Novartis alle Ehre und wenden sich wirklich neuen Künsten zu. Eine der wertvollsten Mitgiften von Sandoz' Seite sind deren äusserst erfolgreiche Transplantationsmedikamente – vor allem Sandimmun, welches die Abstossung frisch eingepflanzter Organe durch den menschlichen Körper unterdrückt. Damit für dieses erfolgreiche Präparat der Absatz weiterhin garantiert bleibt, verstärkt der Chemiemulti seine Aktivitäten auf einem lukrativen Gebiet, welches ihm jedoch bereits heute von links-grünen Moraldüsen versaut wird. Das Geschäft der Zukunft heisst Xenotransplantation, die Kunst, gentechnisch veränderte Tierorgane in den menschlichen Körper zu integrieren, ohne dass dieser aufmuckt. Das heisst, etwas schlicht formuliert, künftig kann jeder Schafskopf problemlos auch noch einen Kalbskopf aufmontieren lassen, vorausgesetzt er verabreicht sich dazu ausreichend Sandimmun.

Allerdings frage ich mich als Laie, was eine derartige Entwicklung – mal abgesehen von der moralischen Verluderung – so alles nach sich zieht. Wer ist zum Beispiel zuständig, wenn der Träger einer Rindslunge an einem hartnäckigen Husten erkrankt: der Hausarzt oder der Veterinär? Oder welchen Stellenwert nimmt die Xenotransplantation in der Schönheitschirurgie ein? Mittels bleicher Schweinehaut und einer blonden Pferdemähne wäre Michael Jackson heute kein plastisches Pfuschwerk, sondern längst ein perfekt modellierter nordischer Arier.

Vermutlich dürfte sich die trendige Erotik- und Schmuckbranche ebenfalls für die neue Organverpflanzung interessieren. Nach dem Verebben der Tatoo- und Piercingwelle ist auch bereits das Ende der Schmucknarbenmode absehbar. Ein Ziegeneuter am richtigen Ort oder ein Schweineschwänzchen als keckes Accessoire könnte da einen neuen megaheissen Trend einläuten. Interessant zudem die Frage, ob die Medikamente, welche eine akute Abstossung fremder Ersatzteile verhindern, auch die Implantierung einer Klimaanlage (natürlich FCKW-frei) in den nun nicht mehr ganz menschlichen Körper schaffen würden. Die Arbeitsproduktivität in tropischen Ländern könnte damit wesentlich gesteigert werden.

Nachdem also die Abstossung von fremden Organen im Menschenkörper praktisch gelöst ist, müsste Novartis denselben Vorgang auch auf anderen Gebieten in den Griff kriegen. Ein Medikament, welches die Xenotransplantation auf politischer Ebene ermöglichen würde, wäre eine Ergänzung in der erfolgreichen Produktepalette des Chemiekonzerns. Wer mitverfolgt hat, wie das belfernde Blocher-Organ an der jüngsten SVP-Delegiertenversammlung erneut den Regierungsorganspender Ogi abstiess, dem ist klar geworden, dass hier nur ein ganz starkes Medikament helfen kann. Die Pharmaindustrie ist im langandauernden Streit um den Genschutz auf gefügige Parlamentarier angewiesen. Die Firma tut also gut daran, ein solches Präparat schnellstmöglich zu entwickeln, will sie nicht riskieren, dass ihre jahrelange parlamentarische Sandimmunität aufgehoben wird. *(9. Mai 1996)*

Agrotheke

Statt Innovationen als Chance und Erleichterung für den modernen Alltag zu begreifen, werden sie immer häufiger gleich bei Bekanntwerden pingelig nach kleinen Unzulänglichkeiten durchleuchtet. Nur Hohn und Undank erntete beispielsweise der renommierte deutsche Autohersteller Mercedes für sein Bemühen, nicht nur Kipplaster zu produzieren, sondern mit der A-Klasse konsequent ins Marktsegment der Kipplimousinen vorzudringen. Dabei haben die ach so klugen Kritiker übersehen, dass das kleine Umfallmobil über ausserordentliche Ökoqualitäten verfügt: So verbraucht ein auf der Seite liegender Personenwagen deutlich weniger Benzin, und auch der Pneuabrieb hält sich in sehr engen Grenzen.

Trotz der Kritik an der angeblich schädlichen Wärmestrahlung von Handies werde ich den digitalen Fortschritt in der Kommunikation konsequent verteidigen: Wenn beim Telefonieren das Handy an den Kopf gehalten wird (und damit zum Kopfy wird), ist es möglich, gleichzeitig ein tiefgekühltes Fischstäbchen direkt im Mund des Natelbenützers aufzubacken. Für diese Energieersparnis sollte man ein bisschen Kopfschmerzen in Kauf nehmen können.

Ähnliches gilt für den kopflosen Frosch, den pröbelnde Wissenschafter kürzlich vorgestellt haben. Solange keine Exemplare ohne Schenkel gezüchtet und damit zahlreiche französische Gourmets in den Hungertod getrieben werden, überwiegen die Vorteile klar. Frösche mit Kopf stellen nämlich eine latente Gefahr für den europäischen

Hochadel dar. Gerade durch feuchte Zungenküsse mit ungepflegten Teichfröschen können sich Prinzessinnen auf der Suche nach ihrem Prinzen gefährliche bakterielle Krankheiten zuziehen.

Um die Bekämpfung derartiger Leiden geht es mir schliesslich im folgenden Beispiel. Im Geiste kleinlicher Fortschrittsfeindlichkeit sind in den vergangenen Tagen Zeitungsartikel über antibiotikaresistente Bakterien in Rohmilch, Käse und Wurstwaren erschienen – eine beispiellose Pressekampagne wegen ein paar winziger Staphylokokken. Wenn Bauern ihr Vieh mit antimikrobiellen Leistungsförderern abfüllen, bleiben von den starken Antibiotika-Cocktails immer auch komfortable Rückstände übrig, die Milch- und Fleischprodukte anreichern und sie schliesslich in kostengünstige Pharmalebensmittel verwandeln. Schon allein die psychosomatische Wirkung dürfte enorm sein, wenn der Arzt bei einem hartnäckigen Husten einen Schweinebraten verschreibt oder bei einer Geschlechtskrankheit 200 g Greyerzer.

Aus volkswirtschaftlicher Sicht sehe ich ebenfalls nur Vorteile. Eine Tafel mit der Aufschrift «Honig und Antibiotika frisch ab Bauernhof» wird weitere Kunden motivieren, landwirtschaftliche Produkte im Direktverkauf zu erwerben. Ausserdem könnten die Apotheker, die zur Zeit von Warenhäusern und Supermärkten hart bedrängt werden, in ihren Läden Charcuterieabteilungen einrichten. Eine markante Umsatzsteigerung wäre die Folge, denn Landjäger und Käsefondue würden rezeptpflichtig.

(6. November 1997)

Fleischlos

Der Mensch ist ein echter Saukerl, jedenfalls in seiner körperlichen Erscheinungsform. Abgesehen davon, dass es schlicht zu viele seiner Art gibt, ist jedes Exemplar nicht nur eine fäkale Dreckschleuder, sommers eine olfaktorische Zumutung und ganzjährig eine nervende Lärmquelle. Er nässt, verpestet, markiert, rinnt aus allen möglichen Körperöffnungen und frisst, was ihm vor sein korrigiertes Gebiss kommt. Sein Siedlungsraum ist mittlerweile weltumspannend, und selbst entfernte unberührte Geröllplaneten sind vor ihm nicht mehr sicher. Seine natürlichen Feinde sind machtlos gegen die Leuteflut, obwohl Zecken, Haie, Viren und Ozonlöcher ihr möglichstes tun.

Dies alles gilt wie erwähnt nur für die fleischliche Hülle. Denn auf geistig-moralisch-innovativer Ebene ist der Mensch astrein: Er nennt heute mehrere Tausend ausgeklügelte Geisteshaltungen und Therapieformen sein eigen, er hat das Feuchttüchlein ebenso erfunden wie das Verwöhnaroma und ausserdem den Oberlauf des Niger entdeckt. Das soll ihm der Orang-Utan erst mal nachmachen, bevor er sich frech auf das Artenschutzabkommen beruft.

Dumm ist nur, dass sich die Krone der Schöpfung mit ihrem reparaturanfälligen und unästhetischen Körper herumschlagen muss. Deshalb ist es nicht verwunderlich, wenn der Mensch seit jeher versucht, sein Fleisch loszuwerden. Die renommiertesten Topreligionen haben sich schon darin versucht, leider erfolglos. Buddhisten werden trotz grosser Anstrengungen um die vier edlen Wahrheiten immer wieder in einem Körper geboren. Christliche Priester, welche per Zölibat den eigenen Körper auszuschalten versuchen, werden häufig zu fremden Kinderkörpern hingezogen. Und schliesslich wirkt auch die islamische Scharia-Methode etwas ungelenk. Händeabhacken erinnert an profane Salamitaktik, mit der sich ein Abkoppeln des irdischen Leibes kaum verwirklichen lässt.

Die Lösung entspringt einmal mehr der menschlichen Geisteskraft. Mittels Computeranimation, 3D-Scanner und Digitalkamera ist es bereits heute möglich, Gesicht und Körper einer realen Person zu kopieren. In nicht mehr ferner Zukunft werden auch Geist und Persönlichkeit digital erfassbar sein. D. h. der Mensch wird perfekt reproduzierbar, ohne sich auf degoutante Ferkeleien im Genmanipulationsbereich einlassen zu müssen. Der Zeitpunkt kommt, wo jeder Mensch sich per Datenübertragung zu einem humanoiden virtuellen Agenten transformieren kann. Sein fleischlicher Körper wird bei der Entsorgung ein letztes Mal die Umwelt mit Amalgam belasten.

Geist und Persönlichkeit jedoch unternehmen fortan blitzschnelle Cyberreisen, vereinigen sich übers Internet mit andern Bits und Bytes und nehmen bei Bedarf als Real-Time-Animation die perfekten Gestalten von Marilyn Monroe bis Brad Pitt an. Auf einer Harddisk bei Microsoft wird die ganze körperlose Menschheit gespeichert sein. Und sollte die Gattung aus purem Zufall mal gelöscht werden, wird es niemandem wehtun. Am wenigsten dem Orang-Utan, welcher die Delete-Taste drückt.

(31. Juli 1997)

Patentkacke

Heute werde ich als Staatsbürger und Laie meinen stimmenden Mitahnungslosen einen Teilaspekt der Genschutzinitiative näherbringen: die Patentierung von Lebewesen und Pflanzen. Meiner Meinung nach bedarf es eines wissenschaftlichen Ignoranten wie mir, um auf Aspekte hinzuweisen, die von den hochqualifizierten Gegnern und Befürwortern der Initiative nicht wahrgenommen werden. Nach eingehenden Studien und der Lektüre von «Scientist's Digest» und *Der kleine Biologe* bin ich zur – bisher unpatentierten – Schlussfolgerung gelangt, dass man zum Vorteil von Gegnern und Befürwortern den Weg zur Patentierung von Lebewesen nicht völlig verbarrikadieren sollte.

Zur Zeit geht beim Europäischen Patentamt in München gar nichts mehr, weil wegen zahlreicher Einsprachen gegen die Patentierung von Lebewesen noch keine Urteile gefällt werden konnten. Weder die berühmte Krebsmaus noch die von der Firma Bresagen entwickelten wandelnden Kotelettmonster (Ex-Schwein) haben bisher einen klar definierten Patentinhaber. Die Patentierung von Pflanzen dagegen ist schon etwas weiter fortgeschritten, weil sich der Mensch mit leblosem Grünzeug weniger identifiziert als mit dem possierlichen Wurstrohstoff.

Das grundlegend Neue bei Gentech-Patenten zeigt sich bei der Gen-Soja. Um sie anpflanzen zu dürfen, müssen die Bauern einen Lizenzvertrag unterschreiben, der es ihnen verbietet, aus der Ernte Saatgut fürs folgende Jahr zu verwenden. Ebenso dürfte genpatentiertes Nutzvieh nicht für die Weiterzucht verwendet werden, weil die Patentbesitzer bei sämtlichen Folgeprofiten aus ihren Erfindungen abkassieren möchten. Hier folgere ich mit geballter Stringenz: Wenn die Gentechfirmen ihre Rechte am manipulierten Produkt geltend machen, dann ergeben sich daraus auch gewisse Pflichten. Angenommen Novartis wirft einen hübschen Königspudel auf den Markt, dem zwecks Verstärkung seiner Kampfeigenschaften ein paar Pitbull-Gene beigemischt wurden. Falls dieses unkontrollierbare, aber schöne Vieh nun auf die Strasse kotet, gehört das Folgeprodukt Kacke dem Hersteller. In diesem Falle kann, ja muss der Hundebesitzer den ganzen Scheissdreck in einen Briefumschlag stecken und der entsprechenden Gentechfirma zurückschicken.

Umgekehrt hat möglicherweise selbst die chemische Industrie noch nicht alle Profitmöglichkeiten aus der Lebewesenpatentierung entdeckt. Seit Richter in den USA ein Bakterium zur Patentierung freigaben, sollte es möglich sein, auch ein Virus unter Vertrag zu nehmen. Statt Grippemittel zu produzieren wäre es beispielsweise für Roche ergiebiger, die jährliche Hongkonggrippe aufzukaufen bzw. patentieren zu lassen. Dann wäre nämlich jeder Erkrankte zum Erwerb einer Roche-Grippelizenz verpflichtet.

Dass nicht nur die Manipulation an Lebewesen, sondern auch an Parlamenten möglich ist, hat zumindest Novartis begriffen. Der Konzern implantierte nämlich ihr freisinniges Kader-Gen Johannes Randegger in den Nationalrat. Dort arbeitet es, völlig resistent gegen Chemieschädlinge, als Patentpolitiker. *(23. April 1998)*

Die Natur wird gut

Die Liebe des Menschen zur Natur wird regelmässig auf die Probe gestellt. Alltägliche Horrorbilder lassen Tier- wie Pflanzenfreunde stets aufs neue an ihren Grundüberzeugungen zweifeln: Gerührt erleben wir vor dem Fernseher, wie eine Antilopenmutter ihr Kitz in die Savanne gebiert, um gleich darauf entsetzt mitzuverfolgen, wie ein hungriger Löwe das junge Glück verputzt. Anders als bei einer Nashornabschlachterei können hier nicht profitgierige Menschen, Wilderer und japanische Potenzmittelfabrikanten verantwortlich gemacht werden. Hier muss das unsägliche Naturgesetz «Fressen und gefressen werden» als simple Erklärung herhalten. Gleiches spielt sich in unserer unmittelbaren Nähe, z. B. im Hausgarten ab. Bevor auch nur der junge Basilikumsprössling seine Chance auf ein Leben als Kulturpflanze erahnen kann, wird er bereits zur Schnecke gemacht bzw. von ihr gefressen, ohne jemals einen Mozzarella kennengelernt zu haben. Wenn die zivilisierte Menschheit mit juristischen und staatlichen Mitteln alles daransetzt, das Gute zu schützen und das Böse zu bestrafen, dann muss sie konsequenterweise denselben moralischen Ansatz auch im Tier- und Pflanzenreich durchsetzen.

Gerade Naturfreunde tun deshalb gut daran, die neuen gentechnisch verbesserten Pflanzen nicht einfach abzulehnen. Die Chemiefirmen wollen nämlich nichts anderes, als den schöpfungsimmanenten Horror zumindest schrittweise zu beseitigen. Und sie tun dies nicht mit irgendeinem schicken Modekraut wie Ruccola oder Castelfranco, sondern mit dem Symbol für gesunde und fleischlose Ernährung: der Sojabohne, Mutter des gastrisch korrekten Tofu. Auch überzeugte Biokonsumenten sollten also den Gentechfirmen dankbar dafür sein, dass sie die Feinde der Soja bekämpfen und ihr damit ein bohnenwürdiges Leben garantieren.

Dasselbe gilt für den Mais. Das Leben der Pflanze, welche entscheidend zur Ernährung eines grossen Teils der Menschheit beiträgt, wird von der Natur mittels Schädlingen zur Hölle gemacht. Auch hier setzt die Gentechnik dem sinnlosen Töten ein Ende. Am Beispiel Mais lässt sich im übrigen aufzeigen, wie schlampig die ach so perfekte Natur konzipiert ist. Nicht nur die berüchtigten Maiszünslerlarven vergreifen sich nämlich an den friedliebenden und possierlichen gelben Körnern. Die Fachliteratur nennt weitere «natürliche» Maisfeinde: Eulenfalter und Gurkenkäfer. So weit ist es also mit der Entartung der Natur schon gekommen, dass Insekten, welche sich gemäss Namen von Eulen und Gurken ernähren sollten, eine akute Gefahr beispielsweise für die Polentaversorgung der Südschweiz darstellen.

Bleibt noch die Frage der gesundheitlichen Risiken. Auch in dieser Hinsicht sollten wir den Gentechnologen etwas mehr Vertrauen entgegenbringen. Gentechnisch veränderte Enzyme verlängern bekanntlich die Haltbarkeit von Brot. In wenigen Jahren dürfte ebenso die Haltbarkeit des Menschen per Genmanipulation gelingen. Dafür müssen wir allerdings auch was opfern, und wenn's halt ein bisschen Erbsubstanz ist. So wird endlich in der Natur das

Gute über das Schlechte triumphieren. Unterschiede zwischen Tier, Pflanze und Mensch werden verschwinden, jede Kreatur wird extrem haltbar und trotzdem von einer andern gegessen. Aber es wird ihr egal sein.

(24. Dezember 1996)

Zungenbrecher

Der Begriff «Einverleiben» gewinnt vor dem Hintergrund der Xenotransplantation eine völlig neue und wörtliche Bedeutung. Im Streit für oder gegen das Verpflanzen von tierischen Organen in den menschlichen Körper vergessen manche die Tatsache, dass wir bereits während der Nahrungsaufnahme (Xenoingestion?) tierische Organe in unsere Körper einführen. Dies geschieht allerdings meistens in verarbeiteter, sprich gekochter Form. Diese tierischen Organe werden anschliessend vom menschlichen Organismus in einer natürlichen Abwehrreaktion wieder abgestossen und ausgeschieden – wiederum in verarbeiteter Form. Vom moralischen Standpunkt her ergäbe sich also keine Änderung: Ob die Schweinsnierchen nun implantiert oder verspeist werden, soll uns und dem Schwein keine schlaflosen Nächte bereiten.

Umgekehrt macht sich auch kein Tier einen bitteren Vorwurf, wenn es sich mal ein Stück Mensch reinhaut. Weder der Haifisch mit einem Surferbein zwischen den Zahnreihen noch der Saugwurm der Gattung Bilharzia im Darm des Tropenreisenden hadern mit der Frage, ob es legitim sei, den Menschen als Nahrungsersatzteillager zu missbrauchen. Da es bisher noch keiner Weltreligion gelungen ist, irgendein tierisches Lebewesen zu missionieren, wäre es auch unfair, von der Fauna ein ethisch korrektes Verhalten einzufordern.

Wir wissen mittlerweile, dass die Schöpfung nicht nur beim Menschen, sondern auch beim Tier enorm geschludert hat. Gerade die Pferdesportler können davon ein Lied singen. In Ausübung ihres edlen Wettkampfes müssen sie die störende Zunge des Pferdes mühsam abbinden, weil sich das unkooperative Vieh mit dem unnützen Organ gegen den Druck der Kandare sträubt. Tiermediziner bestätigten kürzlich, dass sie als Folge dieser Praxis häufig abgestorbene Pferdezungen amputieren mussten.

Bis es die Züchter schaffen, die für den modernen Spitzensport erforderlichen Einweg- oder Wegwerfpferde zu kreuzen, so lange muss ein rascher Organersatz gewährleistet sein. Es ergibt aber wenig Sinn, dem amputierten Rennpferd erneut eine sportschädigende Pferdezunge einzubauen. Hier könnte ein ehemaliger Reitsportler, dem grosse Worte und lautes Schnalzen nicht mehr viel bedeuten, einen Beitrag an die umgekehrte Xenotransplantation leisten. Denn eine menschliche Zunge im Pferdemaul vermag die Funktion der Kandare nicht zu behindern.

Wenn also ethische Skrupel keinen Hinderungsgrund für den Organaustausch zwischen Mensch und Tier darstellen, bleibt nur noch eine Frage: Die Wiedergeburt. Angenommen, ein Mensch mit tierischem Herzen stirbt und wird als Schwein wiedergeboren. Bedeutet dies nun eine Reinkarnation auf höherer oder niederer Ebene? Derartige Fragestellungen unterscheiden uns übrigens entscheidend vom Tier. Denn mangels intellektueller Fähigkeiten kann sich ein Rennpferd die Horrorvorstellung nicht ausmalen, nach seinem Tod auf der niederen Stufe eines Pferdesportlers wiedergeboren zu werden.

(13. Februar 1997)

Ein X für ein Y

Rechtzeitig zum Frühlingsbeginn, wenn die Triebe in der Pflanzen- wie in der Menschenwelt spriessen, kommt die – je nach Standpunkt – erlösende oder erschreckende Meldung, dass Fortpflanzung schon bald ohne den Mann möglich sein wird. Hat er bereits jetzt lediglich bei der Zeugung eine unwichtige Position inne, um seine Y-Chromosomen abzuliefern und anschliessend die restliche Arbeit der Frau zu überlassen, soll er über kurz oder lang gänzlich entbehrlich werden. Dies jedenfalls meldet die Boulevardpresse und berichtet von Wissenschaftern der japanischen Yamaguchi-Universität, welche bereits Kühe ohne stiere Spermien zu züchten versuchen.

Zwar sei es noch nicht endgültig gelungen, aus ausschliesslich weiblichen X-Chromosomen ein lebensfähiges Kalb zu tinkern, aber unbefruchtete Eizellen hätten sich, nachdem sie «in Alkohol und dann in verschiedenen Chemikalien» («Blick») gebadet worden seien, zu einem Embryo entwickelt. Ausserdem sind auch in Grossbritannien bereits ziemlich erfolgverheissende erste Versuche mit tiefgefrorenen menschlichen Eizellen gemacht worden. Gewiss sollten wir diese Meldungen kritisch prüfen, denn als gesichert gilt schon heute die Erkenntnis, dass es mit der Zeugung problematisch wird, wenn Alkohol im Spiel ist. Ausserdem weiss niemand so genau, wie seriös in einer Universität mit Namen Yamaguchi gearbeitet wird. Dagegen müssen wir uns vor Augen halten, wie jahrzehntelang über ein Wesen wie Dr. Spock gelächelt worden ist – und heute haben wir uns plötzlich mit Zombies wie dem Doppelschaf Dolly, der Krebsmaus und Michael Jackson herumzuschlagen.

Wenn nun also die Erzeugung von Nachwuchs ohne den Mann möglich wird, muss die Krone der Schöpfung mit der Frage fertig werden, ob sie sich den Luxus Mann überhaupt noch leisten kann. Rücksichtslos wird vermutlich von Frauenseite eine Kosten-Nutzen-Rechnung erstellt. Wie gegenüber zahlreichen tierischen Kreaturen wird entschieden, ob der Mann den Nützlingen oder den Schädlingen zugeordnet werden muss. Sollten die Frauen nach Aufrechnung aller Vor- und Weichteile zum Schluss kommen, Männer könnten ebenso wie die militärischen Brieftauben aus dem Verkehr gezogen werden, dürfte diese Gattung Mensch nach und nach aussterben. Und keine Frau wird ihr eine ihrer berühmten Tränen nachweinen.

Allerdings sind die Folgen noch nicht bis in jede Einzelheit absehbar. In einer männerlosen Welt würde nämlich die Armee führungslos und die SP-Frauengruppe nutz- weil beschäftigungslos. Noch wartet man auf eine Stellungnahme des Vatikans zur endgültigen Abtreibung der Y-Chromosomen. Der Papst muss sich entscheiden zwischen dem Übel der Frauenherrschaft und dem Segen einer Fortpflanzung ohne Sex. *(20. März 1997)*

Blöde Energie

Nach der gründlichen Ausplünderung der Pflanzen- und Tierwelt sowie der natürlichen globalen Energieressourcen durch den Menschen ist jetzt konsequenterweise auch die letzte ethische Hemmschwelle für eine ökonomische Ausbeutung des menschlichen Körpers überwunden: die Verarbeitung von Plazenta (auch Mutterkuchen genannt) zu Tiermehl (auch tierisches Kraftfutter genannt) – wie soeben in Zürich aufgeflogen. Mit der Herstellung von Echthaarperücken waren vermutlich Coiffeure und Maskenbildnerinnen bisher die einzigen, die am oder im Menschen gewachsene Bestandteile kommerziell weiterverwerten durften. Natürlich abgesehen von den überzeugten Urintrinkern, die aber als Selbstversorger nur den eigenen Harn konsumieren. Ein Verkauf im Schlauchbeutel oder in der Mehrwegflasche ist bisher nicht abzusehen.

Dass mit der Plazentaentsorgung für einmal die Nutztiere mit pulverisierten Menschenbestandteilen gemästet werden, damit der Fleischkonsument wiederum möglichst fette Viecher fressen kann, ist nicht nur irgendwie zum Kotzen, sondern auch zum schadenfreudigen Totlachen. Trotzdem soll hier weder der Rinderwahnsinn erörtert noch die Fressmoral schonungslos gegeisselt werden. Ich möchte vielmehr – nachdem die Moral eh flötengegangen ist – auf ein bisher nur ungenügend genutztes Energiepotential eingehen, das möglicherweise die drängendsten Probleme künftiger Generationen lösen kann: die Blödheit.

Als Energieträger ist die menschliche Blödheit bisher sinnlos vergeudet worden. Man war sich einfach der überragenden Qualitäten dieses genialen Rohstoffs zu wenig bewusst: unerschöpfliche Vorräte, erstklassige Regenerationseigenschaften, unbeschränkte Lager- und Transportfähigkeit – allerdings auch gewaltige Zerstörungskraft, wenn er als Naturgewalt erscheint und nicht fachtechnisch der friedlichen Nutzung zugeführt wird.

Dazu zwei aktuelle Beispiele beziehungsweise Vorschläge: Der Drang vieler europäischer Menschen, zur exakt gleichen Jahreszeit durch dieselbe Alpenröhre in den Süden zu fahren, um bei der Hin- wie bei der Rückfahrt in langen Kolonnen davor zu stehen, schlug bisher energiemässig negativ zu Buche. Diese Lemmingbewegungen waren lange nicht unter Kontrolle zu bringen, weil man wenig über ihre Ursachen wusste. Während man stets annahm, die Massenfahrten würden wegen des sonnigen Wetters im Süden unternommen, hat man kürzlich herausgefunden, dass auch bei schwersten Schneestürmen in Lugano und gleichzeitiger Hitzewelle in Zürich gefahren wird. Also eine konstante blöde Strömungsenergie durch die Rohrturbine Gotthard. Mittels neuartiger Schaufelräder innerhalb des Tunnels könnte diese Energie perfekt genutzt werden.

Oder: Der Drang vieler asiatischer Männer, pulverisierte Nashörner, getrocknete Tigerknochen und weitere Bestandteile seltener Tier- und Pflanzenarten zwecks Potenzsteigerung zu essen, zu sniffen, zu rauchen oder einzureiben, ist bisher aus Artenschutzgründen immer beklagt worden. Doch stellen wir uns einmal vor, welches

Entsorgungspotential im Virilitätsbedürfnis der chinesischen Macker verborgen liegt. Wenn die absatzgeplagten Schweizer Tiermäster den fernöstlichen Schwerenötern beibringen könnten, dass der exzessive Genuss ihrer aufgepumpten Tiere zwar nicht weniger blöd, aber dafür scharf macht, wären sie ihre Sorgen los. *(11. April 1996)*

Tierische Rache

Der Mensch als Schinder aller Kreaturen stösst offenbar endlich auf Gegenwehr. Es scheint, als ob sich nicht mehr alle misshandelten Geschöpfe vom aufrecht gehenden Primaten einfach alles bieten lassen. Zur Zeit sind jedenfalls deutliche Zeichen von Aufmüpfigkeit in weiten Kreisen der Tierwelt zu erkennen. Hierbei meine ich nicht den regelmässig wiederkehrenden Kahlfrass durch Heuschreckengeschwader, auch nicht die kecken Reiterabwürfe durch Turnierpferde an Springkonkurrenzen oder ganz einfach die Stechmücken, welche sich auf unseren Häuten dem Blutrausch hingeben. Regelmässig im Herbst erreichen uns Meldungen von den Schandtaten einer Tierart, welche scheinbar nur eines bezwecken: die totale Demütigung des Menschen. Und dies alles ausgerechnet an einem der wichtigsten Schauplätze der abendländischen Menschheitsgeschichte: In Rom kreisen jetzt wieder Schwärme von Staren und scheissen hernieder, was der Darm nicht mehr hält.

In der Tagesschau waren erst kürzlich wieder die eindringlichen Bilder zu sehen, wie Bewohner der italienischen Hauptstadt den aggressiven Vogelkot samt aufgelöstem Lack vom geliebten Auto schrubbten, wie elegante Römerinnen um ihre Frisur rannten und wie Pilgerreisende ungläubig das herniederfallende Vulgär-Manna bestaunten. Der Vogelkot schädigt nachhaltig das Kleingewerbe, insbesondere die Gemüsehändler mit Strassenauslagen. Und vermutlich wird er zusammen mit dem ganzjährigen Taubendreck den letzten Resten des Kolosseums den Todesstoss versetzen.

Von den verheerenden Auswirkungen auf Kutten, Bischofsroben und Gardistenuniformen ganz zu schweigen. Für die Entsorgung des zentimeterdicken Drecks hat ausserdem der eh schon verschuldete Staat aufzukommen, da hier natürlich keine privaten Starhalter per Robistar in die Pflicht genommen werden können. Kurz, das unscheinbare Federvieh kann eine Riesenmetropole in Schwierigkeiten bringen.

Sicher halten Ornithologen und andere Wissenschafter kluge Erklärungen dafür bereit, weshalb jeweils die Vogelschwärme allem Anschein nach mit voller Absicht die Stadt Rom und nicht den ganzen Erdkreis bekleckern. Für mich ist es klar: Dies ist die phantasievolle Rache der Natur. Die munteren Sperlingsvögel haben sich für ihre beleidigenden Fäkalienabwürfe die Hauptstadt jenes Landes ausgesucht, dessen Bewohner, wir wissen es genau, ganze Bestände europäischer Sing- und Zugvögel verspeisen – in brodo oder ai ferri. Ausserdem haben die gefiederten Feinde seit Hitchcocks *Birds* gelernt, dass Hacken den ungeliebten Menschen nur halb so erniedrigt wie Kacken.

Vermutlich ist es eine reine Frage der Zeit, bis auch andere Tiere in einem plötzlichen Evolutionsschub lernen, wie sie uns nachhaltig nerven können. Eine generelle Kistchenverweigerung aller Hauskatzen brächte schon einige Unruhe ins Land. Wüst fluchende Papageien fügen dem Zoohandel schweren Schaden zu, Igel überfallen den Hauptsitz des ACS, Flipper verlangt Tantiemen, Mastschweine treten der Sterbehilfeorganisation Exit bei, und Michael Jacksons Affe verweigert seinem fortpflanzungswilligen Herrchen die Samenspende. *(14. November 1996)*

SEX & SÜNDE

Gody und Emil

Der einheimische Sexaffärensektor bietet in diesen Tagen reichhaltigen Empörungsstoff, und zwar für alle Bildungsschichten. Das heisst, gegenwärtig muss sich keiner und keine unter oder über ihrem Niveau entrüsten. Fast wäre ja der Weggiser Gucklochfilmer Gody Styger zum alleinigen Ferkel des Monats geworden, weil er prominente Models und Nella Martinetti in die Nasszone seiner Schönheitsfarm «Graziella» lockte, um sie dort heimlich zu filmen. Dies ist natürlich Lockstoff für die Boulevardpresse, die seit Tagen den Sauna-Peeper nach bewährtem Muster auskocht und püriert. Unklar ist höchstens noch, wer zuerst die Bilder der nackten Prominenten veröffentlicht und ob für Nella ebenso viel hingeblättert wird wie seinerzeit für Diana am Fitnessgerät.

Nun hat aber der cineastisch ambitionierte Schönheitsfarmer in jenen Kreisen Konkurrenz erhalten, wo man sich lieber auf eine Therapiecouch statt auf eine Fangopackung legt. Nach dem öffentlichen Geständnis des Zürcher Psychiaters Emil Pintér, wonach es zwischen ihm und seinen Patientinnen zu (wie es die seriöse Presse nennt) «sexuellen Handlungen» gekommen sei, hat nun auch die intellektuelle Bildungsschicht empörungsmässig eine Nasszone bekommen.

Video-Styger und Psycho-Pintér lassen, wie erwähnt, unterschiedliche Volksschichten erschauern. Die Delikte allerdings sind nahezu identisch: Beide nutzten das Vertrauen ihrer weiblichen Kundschaft schamlos aus. Während

Styger mit einer klassisch-biederen Lüstlingsmethode vorging – er suchte per Inserat «Test-Ladies», um seine «Früchte-Enzyme-Kur noch etwas zu spezifizieren» –, war das Vorgehen Pintérs eindeutig taktisch-diabolischer Natur. Nachdem sich der Psychiater selber geoutet und gleichzeitig seinen Aufriss als Heilmethode deklariert hatte, meldeten sich seine Opfer in den Zeitungen zu Wort. Eine ehemalige Klientin gab der Presse zu Protokoll, Pintér habe sie während einer Therapiesitzung zur Couch getragen und ausgezogen. Andere berichteten, er habe sie zuerst an Händen und Brüsten gestreichelt, sie ausgezogen, «und dann geschah es».

Auffallend ist hier die kaltblütige Raffinesse des Täters: Durch beiläufiges Streicheln der Brüste, durch unauffälliges Herumtragen und harmloses Ausziehen lenkte er die Opfer von seinen wahren Absichten ab. Während des wiederholten Geschlechtsverkehrs wurden die Frauen dann stutzig. Eine erklärte, es sei ihr dabei nicht wohl gewesen, als er ihre sexuelle Integrität verletzte.

Diese peinlichen Begebenheiten um gefilmte Früchte und gestreichelte Enzyme haben letztlich auch etwas Gutes. Viele Geprellte und Betrogene trauen sich jetzt endlich an die Öffentlichkeit. Vorbei die Zeiten, wo Augenärzte die Patienten und Patientinnen noch treuherzig auffordern konnten, sich doch oben bitte freizumachen. Immer mehr haarsträubende Fälle wurden bekannt. Zum Beispiel jener eines falschen Postbeamten im Sensebezirk, der jahrelang von Haustür zu Haustür ging, um sich von unbescholtenen Hausfrauen seine angeblichen Briefmarken ablecken zu lassen.

Aber nicht nur Frauen sind Opfer derartiger skrupelloser Machenschaften. Aus dem Berner Rotlichtmilieu wird von Prostituierten berichtet, die ihren ahnungslosen Freiern während des Schäferstündchens die Zahnfüllungen erneuerten und sich anschliessend als arbeitslose polnische Zahnärztinnen entpuppten. Auch diese Freier haben jetzt das Schweigen gebrochen und die falschen Dirnen beschuldigt, sie hätten ihre dentale Integrität verletzt.

Zum Schluss aber nochmals zurück zum Mackertandem Styger/Pintér. Welche Vorkehrungen können getroffen werden, um derartige Schweinigeleien künftig zu verhindern? Meiner Meinung nach genügt eine astlochfreie Holzverkleidung für Saunen in Schönheitsfarmen nicht. Und bezüglich Therapie und Sexualität hat der Psychoanalytiker Tilmann Moser kürzlich postuliert «Berühren ja – Sexualität nein». Als Laie möchte ich da doch nachfragen: Geht das in einem Arbeitsraum, wo ständig eine Couch lockt? Mein Vorschlag als Kompromiss: Sexualität ja – Berühren nein. *(6. April 1995)*

Paula und der Golf

Ziemlich lachhaft die aktuelle Debatte um den Konflikt zwischen dem Irak und den USA bzw. deren aussenpolitischer Unterorganisation UNO. Denn die Empörung der Amerikaner über die Zurückweisung ihrer Experten zur Überwachung des irakischen Rüstungsabbaus ist gespielt, und zwar in bewährtem Method-Acting-Stil. Weshalb die Clinton-Administration wieder den Kamm anschwellen lässt und mit militärischen Strafaktionen droht, ist Gegenstand schwerst seriöser Kommentare – und allesamt haben sie keinen blassen Schimmer. Denn natürlich geht es nicht um die amerikanische Kontrolle der arabischen Ölreserven und den Schutz der israelischen Überlegenheit, sondern einzig und allein um den Schwanz des amerikanischen Präsidenten.

Bill Clinton ist bekanntlich damit beschäftigt, eine sexuelle Altlast aus seinen Gouverneurszeiten juristisch zu entsorgen. Wie Paula Jones berichtet, hat sie der damalige Gouverneur in einem Hotelzimmer von Little Rock aufgefordert, seinen entblössten Penis zu küssen. Jones' Klage wegen sexueller Belästigung wird nächsten Frühling vor einem US-Gericht behandelt. Um ihre Anschuldigungen zu beweisen, hat Frau Jones eine eingehende Beschreibung der «charakteristischen Merkmale» des First Phallus eidesstattlich deponiert. Angesichts der Schreckensvision einer Nation und der zugeschalteten Weltöffentlichkeit, die gebannt die peinlichen Verhandlungen über die Beschaffenheit des präsidialen Geschlechtsteils verfolgen, hat bisher kein Machthaber triftigere Gründe gehabt als Clinton, mit aussenpolitischer Action von innen- bzw. genitalpolitischer Unbill abzulenken.

Bis zum Prozess bleibt den PR-Experten des Weissen Hauses noch genügend Zeit, die amerikanische Bevölkerung für einen neuen Golfkrieg zu gewinnen. Horrorinformationen über den zigarettenrauchenden Saddam Hussein, der eine Cholesterinbombe über Low-Fat-Washington zum Explodieren bringen will, werden ihre Wirkung nicht verfehlen. Ebenfalls an einem neuen Golfkrieg interessiert wäre die Medienindustrie, denn Wiederholungen von geschichtlichen Ereignissen haben das Zeug zum Blockbuster. Nicht umsonst wird der berühmte Pariser Autotunnel in eine offene Zuschauerarena umgebaut, um sämtliche Versionen von Dianas Tod nach dem Vorbild der Karl-May-Festspiele begehen zu können.

CNN dürfte bereits ausgerechnet haben, dass der Schnauz von Saddam trotz allem mehr Zuschauer bringt als der Schwengel von Bill. Auch wenn kurz vor Prozessbeginn die Ablenkungsschlacht am Golf tobt, wird der News-Sender seine Reporter an beide Schauplätze schicken. Denn eines dürfte zu erwarten sein: Paula Jones hat das inkriminierte Gemächt Clintons in erigiertem Zustand beschrieben. Deshalb müsste der Präsident zwecks Identifizierung vor dem Richter auch... Aber lassen wir die Details. Jedenfalls wird der CNN-Korrespondent in Bagdad wohl seinen historischen Satz wiederholen: «The Sky over Bagdad is illuminated.» Und jener, welcher vom genitalen Elchtest berichtet: «The Cock of the President is fully erect.»

(13. November 1997)

Pornographically correct

Der sozialdemokratische Realismus feiert in Zwingli-Zürich Triumphe. Josef Estermann, der Kurator aller Zürcherinnen und Zürcher, verbietet einige im Stil von Pissoirgraffiti gemalte Abbildungen von weiblichen Geschlechtsteilen. Die im Helmhaus (nicht) ausgestellten Bilder der feministischen US-Künstlerin Ellen Cantor seien eindeutig pornographisch, meint der fürsorgliche Stadtpräsident, und «erhebliche Teile der Bevölkerung» würden «in ihren innersten Gefühlen verletzt». Das ist natürlich nicht in Ordnung, denn echte Pornographie soll ja alles andere als Gefühle auslösen, schon gar keine innersten, sondern sich, wenn schon, direkt auf den erheblichen Teil des männlichen Körpers auswirken.

Herr Estermann ist beileibe kein konservativer Moralapostel und Kunstfeind wie in den USA zum Beispiel Jesse Helms, obwohl sich die beiden in der Beurteilung der Cantor-Kunst vermutlich einig wären. Der Stadtpräsident betonte denn auch voller liberal correctness, dass man selbstverständlich über Pornographie sprechen soll, «aber nicht in dieser Form in diesem Haus». Die Frage stellt sich aber, in welcher Form und in welchem Haus denn darüber geredet werden soll. Im Erotik-Shop? Vielleicht sollten die Ausstellungsmacher samt der Leiterin des städtischen Büros für die Gleichstellung von Mann und Frau in den Sexshops ein paar wertvolle Gespräche über Pornographie führen. Etwa im Stil: «He, Leute, legt mal die Wichsvorlagen beiseite, wir diskutieren jetzt über Kunst und Erotik.»

Weshalb lebt nun die fruchtlose Debatte über Pornographie und künstlerische Darstellung wieder auf, die bereits in den 70er Jahren als ausgereizt galt? Damals wurden ja selbst konservativste bürgerliche Kulturpolitiker durch scham- und pietätlose Kunsthappenings schockresistent und mochten fortan das Abendland nicht mehr wegen jeder Nackedei in Gefahr sehen. Wollen die heutigen SP-Stadtväter und -mütter ganz einfach beweisen, dass ihnen nicht nur der Sozialversicherungsmaterialismus, sondern auch die inneren, wenn nicht gar innersten Gefühle der Bevölkerung am Herzen liegen?

Meiner Meinung nach wurde Josef Estermann vor seiner wohl schwersten kulturpolitischen Entscheidung von der SP allein gelassen. Die Partei hat es versäumt, rechtzeitig ihren Standpunkt in der Pornographiedebatte der 90er Jahre festzulegen – im Parteiprogramm sucht man jedenfalls vergeblich nach einem entsprechenden Passus. Um die exakte Darstellung von erotischen Praktiken nicht einfach nur den Schmuddelgewerblern und feministischen Künstlerinnen zu überlassen, wollen jetzt sozialdemokratische Kunstsachverständige in Zürich endlich Thesen für eine ökologisch-soziale Pornographie formulieren.

Der sogenannte Vegi-Porno beschränkt sich auf die fleischlose oder zumindest fleischarme Darstellung einer Kopulation zwischen korrekt gekleideten Akteuren. Vor und nach jeder Vereinigung sollen zum Beispiel die Darsteller Long John Dildo und Teresa Orlowski «die kritische Auseinandersetzung mit der Pornographie führen und den emanzipatorischen Anspruch» diskutieren. Öffentliche Toiletten mit ihren gefühlverletzenden Kritzeleien werden für immer verschlossen, und Zutritt zu Zeitschriftenkiosken erhalten nur noch die über 20jährigen. Schliesslich lich wird im Helmhaus unter dem Patronat des Stadtpräsidenten eine grosse gefühlschonende Ausstellung organisiert. Titel: «Sozialdemokratie und erotische Kunst – der Geschlechtsakt im Schaffen Albert Ankers.»

(2. November 1995)

Space-Sex

Der demütigende Vorfall während der letzten amerikanischen Raumfahrtmission, als ein Satellit wegen eines Kabelrisses auf einen unkontrollierten ellipsenförmigen Orbit entschwand, erinnert uns neidvoll daran, mit welchem Geschick sich andere Wesen im All bewegen. Mit überlegener Leichtigkeit landen sie mit der brandneusten interstellaren Flugtechnologie auf unserm Planeten, legen kurz einen Erdenmenschen flach, um ihm entweder einen Embryo einzupflanzen, etwas Sperma abzuzapfen oder eine Sonde in den Hintern zu montieren.

Immer mehr Menschen, denen solches widerfahren ist, melden sich bei Selbsthilfegruppen, dankbaren Ufologen oder der noch dankbareren Presse. Die Zahl derer, die von Ausserirdischen mit mandelförmigem Kopf und ebensolchen Augen, grauer Hautfarbe und vierfingrigen Händen entführt und auf irgendeine Weise missbraucht worden sind, steigt von Woche zu Woche. Nach übereinstimmenden Versionen suchen die Ausserirdischen beim Menschen vor allem eines: Gefühl. Denn scheinbar können sie wohl reissfeste Satellitenkabel herstellen, sind jedoch nicht zu Gefühlen fähig.

Selbstverständlich beklagen sich die benutzten Opfer zu Recht. Wer möchte schon von einem grauen Interstellaren (früher verächtlich grüne Männchen oder Marsmenschen genannt) ohne vorherige Bitte um Erlaubnis einen mandeläugigen Fötus implantiert bekommen, der dann nach mehrmonatiger Brutzeit wieder entnommen wird? Die seelischen Folgen solcher Vorfälle sind enorm, von den schweren Konflikten für erklärte Abtreibungsgegnerinnen ganz zu schweigen. Das Ärgerliche an diesen Vorkommnissen ist die Tatsache, dass sich alles in einem völlig rechtsfreien Weltraum abspielt – bisher konnte noch kein einziger ausserirdischer Vergewaltiger verhaftet werden.

Leider ist dies nur die eine Seite des Problems. Denn immer stärker drängt sich den Fachleuten die Gewissheit auf, dass Vergewaltigungen auch von Menschen an Ausserirdischen begangen werden. Die Dunkelziffer missbrauchter Aliens ist vermutlich recht hoch. Wie es scheint, haben offenbar zahlreiche Menschen, die mit Ausserirdischen in körperlichen Kontakt getreten sind, Lust auf mehr bekommen.

Vor allem gläubige Sünder rechtfertigen sich mit der bequemen Ausrede, wonach ihre Seitensprünge nicht ausserehelich, sondern lediglich ausserirdisch seien. Bereits gibt es dekadente Vertreter unserer Überdrussgesellschaft, die mit dem Verlangen nach knackigen grauhäutigen Outer-Space-Models ihr schmuddeliges Geschäft betreiben. Nach Einbrüchen im internationalen Sexbusiness während der letzten Jahre scheint man im Alien-Sex eine neue fragwürdige Goldader ausgemacht zu haben. Porno-Grossunternehmen wie Beate Uhse haben die neue Nische bereits besetzt, nachdem den Alienophilen die aufreizenden Abbildungen in den Büchern Erich von Dänikens oder Raubkassetten von *Raumschiff Orion* nicht mehr genügten. Im unter der Hand gehandelten Liebhaberblatt «Dr. Spock» werden ungeniert Sexualpraktiken mit Ausserirdischen geschildert und als Center Fold eine Nacktaufnahme von E.T. in aufreizender Stellung abgebildet. Beschämend: Auch angeblich seriöse Unternehmen wie die NASA möchten mit diesem Trend ihre leeren Kassen füllen. Selbst mit dem Hinweis auf die erwiesene Gefühllosigkeit der Ausserirdischen ist es unentschuldbar, dass die Raumfahrtbehörde fürs nächste Jahrzehnt Raumschiff-Sexreisen ins Universum anbietet. *(7. März 1996)*

Rinderpornowahnsinn

Die Leute haben heutzutage einfach ihre Probleme mit den Problemen. Und sie werden, trotz dichtestem Sozialarbeiternetz und diversen Hotlines, damit allein gelassen. Dies ist ein idealer Nährboden für Ignoranz, Aberglauben und SVP. Wie soll sich denn ein schlichter Normalbürger die jüngsten Phänomene des Zeitgeschehens noch erklären können: Weshalb darf er keine Rindviecher mehr aufessen? Wieso heulen Teenies am Maschendrahtzaun des Fernsehgebäudes? Warum wollen Hunderttausende der jungen Bündnerin Laetitia beim Vögeln zuschauen? Weshalb ist Ursula Andress so plötzlich sechzig und Kloten erneut Eishockeymeister geworden?

Die objektive Schilderung dieser Ereignisse, die gründliche Analyse sowie das schonungslose Aufzeigen der Zusammenhänge wären die vordringlichsten Aufgaben der Medien. Der ahnungslose Medienkonsument hätte eigentlich ein Anrecht auf umfassende Information. Statt dessen wird er mit fragwürdigen Kochrezepten der Gesundheitsbehörden, Begriffen wie Creutzfeldt-Jakob-Suchard und Farbfotos von Silikoneutern noch mehr verwirrt.

Rekapitulieren wir mal: Die nachgewiesenermassen stockdummen Rinder und Kälber wollten nicht mehr wie ihre Vorfahren in der friedlichen umzäunten Heimat gewöhnliches Gras fressen. Vorwiegend britische Rinder, verwöhnt, verzogen und saignant, verlangten von ihrem Bauern nicht mehr nur Kost und Logis, sondern tägliches

Fleischmehl in der Futterkrippe. Der ungeschützte Verzehr von gefriergetrockneten Artgenossen förderte den heute grassierenden fleischlichen Wahnsinn. Die ekligen Bilder von Rindern, welche sich in ihrem umzäunten Lebensraum dem Wahnsinn ergeben, kennen wir alle.

Durch dieses Verhalten wurden menschliche Jungtiere, sogenannte Teenies, negativ beeinflusst. Statt sich wie deren Vorfahren von Magenbrot und Lebertran zu ernähren, vertilgten sie grosse Mengen von Ecstasy, Gummibärchen und Hamburgern aus Rindfleisch. Eine Kettenreaktion konnte nicht ausbleiben. Die Teenager wurden immer empfänglicher für die ungeschützte Verehrung britischer Teeniebands. Die ekligen Bilder von Kindern, welche sich vor dem umzäunten Lebensraum ihrer Idole dem Wahnsinn ergeben, kennen wir alle.

Die Folgen waren fatal. Bekanntlich reagierte Deutschland mit einem Importverbot für Schweizer Rindfleisch, was besonders die Bündnerfleischerzeuger und damit eine ganze Region in Schwierigkeiten brachte. Die Krise der Trockenfleischindustrie trieb daher Bündner Teenies in die unseriöse Nassfleischbranche – Laetitia ist dafür nur das bekannteste Beispiel. Ob nun Creutzfeldt-Jakob oder Knaus-Ogino, die Beziehung des Menschen zum eigenen wie zum fremden Fleische steckt in der Krise.

Was tun? Mit einem Importverbot für britische Teeniebands ist noch nichts erreicht. Die Schuld an dieser unseligen Entwicklung fällt teilweise auf die britischen Rinder, welche nicht von ihrem kannibalistischen Mehlkonsum lassen konnten. Hauptsächlich ist jedoch das Fernsehen haftbar zu machen. Einmal, weil es der Bevölkerungsmehrheit den Steakkonsum verleidet, zahlreiche Teenies zum Dauerkreischen bringt und mit Übertragungen von nacktem Bündnerfleisch die Männer in den Wahnsinn treibt.

(28. März 1996)

Am 14. März 1996 erzielte ein Fernsehdokumentarfilm über die Bündner Pornodarstellerin Laetitia Spitzenquoten. Gleichzeitig wurde das Studio des Schweizer Fernsehens mehrmals von Teenie-Band-Fans belagert, weil deren Idole dort live auftraten.

Viagronomie

Nicht zuletzt wegen der üblen Prinzessinnenjagden durch Paparazzi und Boulevardreporter geriet der Berufsstand der Journalisten für längere Zeit ins Zwielicht. Dabei wurden leider auch die unbestrittenen Dienste an der Öffentlichkeit vergessen, die Journalisten leisten, seit es eine freie Presse gibt. Ich denke an die Aufdeckung des Watergateskandals durch Woodward und Bernstein, aber auch an die selbstlosen Einsätze von Kriegsberichterstattern und die Elchtests an neuen Automodellen. Mit ihren riskanten Undercover-Reportagen oder beschwerlichen Reisen in Katastrophengebiete leisten viele Presseleute uneigennützige Aufklärungsarbeit im Interesse der Leserschaft. Dieser noblen Auffassung von Journalismus haben letztes Wochenende die beiden schweizerischen Sonntagsblätter ein weiteres Kapitel beigefügt. Sie liessen mehrere Journalisten das neue Potenzmittel Viagra einnehmen und für die Öffentlichkeit testvögeln.

Die neue Superpille fährt nicht nur schlaffen Männern in die Glieder, sondern beschert dem amerikanischen Hersteller, dem Pharmariesen Pfizer, erigierte Gewinnkurven. In den USA ist das Wundermittel der grosse Verkaufsrenner, und auch hierzulande sind sämtliche Testpersonen offenbar von der Wirkung der Viagra-Tabletten begeistert. Die «Sonntags-Zeitung» vermeldet auf der Titelseite: «Die Bilanz fällt insgesamt positiv aus. Die Erektion ist kaum wegzubringen.» Und im «Sonntags-Blick» führt ein älterer Mitarbeiter eine Art Phallus-Chronologie eines Selbstversuchs: «16.05 Uhr. Verspüre erste Regung im Glied.» Dann liefert er einen detaillierten Rammelbericht («kein Nachlassen bei verschiedenen Stellungen»), bis die Entwarnung folgt: «Nach rund zwei Stunden ist die Erektion völlig abgeklungen.»

Für viele impotenzgeplagte Männer ist Viagra ein Geschenk des Himmels, wenn auch die meisten über Nebenwirkungen wie Kopfschmerzen, Schweissausbrüche, gerötete Haut, Magenverstimmung und Sehstörungen berichten. Die ökologischen Folgen von Viagra dürften positiv ausfallen, da Millionen von begattungswilligen Japanern und Chinesen nicht mehr pulverisierte Nashörner oder die Hoden der letzten artgeschützten Bengaltiger verspeisen müssen. Natürlich gehen von diesem Mittel auch sittliche Gefahren aus – vor allem, wenn es in die Hände von Terroristen gelangt. Diese könnten damit das vatikanische Trinkwasser vergiften und so das gesamte christliche Abendland in ordinärer Weise aus den Angeln heben.

Noch wenig erforscht sind die Auswirkungen auf Viagra schluckende Frauen. Und wie die Sexpartnerinnen von Viagra-Benützern auf die Nebenwirkungen der Tablette reagieren auch nicht, denn leider nahmen an den erwähnten Journalistentests die Frauen nur indirekt teil. Als Mann masse ich mir hier kein Urteil an – ich kann lediglich vage mutmassen, wie anziehend ein verschwitzter, rotgesichtiger, blind grapschender Beischlafwilliger mit enormer Erektion und Dünnpfiff auf Frauen wirkt. *(7. Mai 1998)*

Polmässig korrekt

Herbeigewünscht hat man es schon immer, aber nie wirklich zu hoffen gewagt: Sex ist also doch heilbar. Zumindest eine Spielart davon, die Homosexualität. Dass dieser Durchbruch nicht etwa den medizinischen Gentechnikern, sondern den religiösen Spezialisten gelingen würde, hat man ebenfalls vermutet. Eine Therapie zur Umpolung von nutzlos kopulierenden Schwulen und Lesben in vermehrungsfreudige Normalchristen bietet zurzeit die evangelisch-freikirchliche Vereinigung Basileia an. An ihrem Pfingstkongress in Bern (an Pfingsten geht's einmal mehr am ringsten) werden Umpolungskurse für runde 500 Franken angeboten, die aus «vom Satan beeinflussten Kranken reife heterosexuelle Erwachsene» heranzüchten.

Die sexuell korrekten Freikirchler haben damit vor allem der katholischen Konkurrenzfirma das Weihwasser abgegraben. Denn die Mutter aller Kirchen ist ja ebenfalls nie um praktische Tips verlegen, wenn es ums Geschlechtliche in allen heiteren Formen geht. Und wenn dann noch, wie bei den Schwulen offenbar der Fall, gar der Satan im Spiel ist, möchte man beim Austreiben auch gerne dabeisein. Allerdings bekommt der Begriff Umpolung in einer Institution, deren Chef selber Pole ist, eine unerwünschte Bedeutungsrichtung. Nicht nur deshalb werden die Wahrheitswächter in der vatikanischen Glaubenskongregation ungern mit dem Begriff Pol konfrontiert. Schliesslich ist es lediglich ein paar Jahrhunderte her, seitdem man sich damit abzufinden hatte, dass die Erde kugelrund ist und noch dazu zwei Pole hat.

Das freikirchliche Erfolgsrezept, wie die teufelsbesessenen Sexkranken heteroisiert werden können, stammt vom geheilten ehemaligen Schwulen Andrew Comiskey, einem kalifornischen Pastor. Die Schwulen werden also sozusagen pasteurisiert, und zwar – wer wäre draufgekommen – durch Beten und Glauben. In seinem Buch mit dem bemerkenswerten Titel *Befreite Sexualität* behauptet der umgedrehte Comiskey, Homosexualität sei eine auf kannibalischen Zwangsvorstellungen beruhende Sucht, gegen die nur das Gebet helfe.

Sollte die Umpolung der sexuellen Präferenz Erfolg haben, dann dürfte diese Methode sicher auch in andern Kategorien Anwendung finden. Können zum Beispiel die immer noch zahlreichen Sozialismuskranken ebenfalls geheilt werden? Besteht bei dunkelhäutigen Rassen eine reelle Genesungschance, d.h. verhilft Beten zu einer makellos weissen Haut? Kann eine schwarzhaarige Person ohne die haarschädigende Verwendung von Wasserstoff in eine Blondine umgebetet werden? Und gelingt eine Umpolung der iranischen Ayatollahs in reife erwachsene Opus-Dei-Aktivisten?

Die Möglichkeit, noch vor den Herbstwahlen Massen von Stimmbürgerinnen und -bürgern von rechts nach links oder von europafreundlich nach nationalistisch umzupolen, lässt den Parteisekretären das Wasser im Mund zusammenlaufen. Gerade eine der Kirche bedrohlich nahe stehende Partei wie die Innerschweizer CVP verspricht sich von einer politischen Umpolung der an die

SVP verlorenen Wählerschichten neuen Aufschwung. Ihr Hauptargument: Der SVP-Populismus ist eine teuflische Sucht mit kannibalischen Zwangsvorstellungen.

(1. Juni 1995)

Partnerglück

Die Swissair war schon immer unsere wichtigste Auslandsvertretung. Das weisse Kreuz auf der Heckflosse der bisher hochgeachteten Airline bürgt für Qualität und Seriosität. Die Zusammenarbeit der Swissair mit anderen Fluggesellschaften steht deshalb unter dem Motto «Global Excellence». Leider hat nun der unstete Lebenswandel der Swissair dieses Bild angekratzt. Es würde dem Unternehmen gut anstehen, Werte wie Familie, Treue und Partnerschaft weiterhin hochzuhalten. Statt dessen gerät die Fluggesellschaft immer wieder mit kurzlebigen Affären in die Schlagzeilen. Jüngste Meldung: Trennung von der Freundin Singapore Airlines.

Es ist unverständlich, dass unser kreuztragendes Nationalunternehmen wie ein beliebiger Sextourist unverhohlen Partnerinnen aus Asien sucht, um sie dann per Ehevertrag nach Kloten zu locken. Selbst vor Vielweiberei schreckt die Swissair nicht zurück. So äusserte sich Konzernchef Philippe Bruggisser im «Tages-Anzeiger» wörtlich: «Es genügt heute nicht mehr, einen einzigen Partner für Asien an der Hand zu haben.» Und dass diese Partner auf der Strasse «spezifisch» aufgegabelt werden, belegt folgende Aussage aus demselben Interview: «Routenspezifische Partnerschaften kommen den Kundenbedürfnissen besser entgegen.»

Dass in der internationalen Flugbranche lebenslange Verbindungen nicht viel zählen und statt dessen auf den Airports schamlose Swinger-Parties gefeiert werden, ist bekannt: Die untreue Partnerin Singapore Airlines treibt es bereits mit der neuen Flamme Lufthansa. Swissair tröstet sich derweil mit der Teilzeitgeliebten Delta, während sie mit der abhängigen Sabena verkehrt und gleichzeitig mit erigiertem Cockpit der Malaysian schöne Augen macht. Nicht nur deswegen wird Delta von Eifersucht gepeinigt, sondern auch weil die Singapore zusammen mit der Lufthansa nun zur Star-Allianz gehört, dem lotterhaften Verbund ihrer schärfsten Konkurrentin United Airlines, die der Delta bereits die heissblütige Brasilianerin Varig ausgespannt hat.

Unbestritten ist, dass die Swissair wegen der schweizerischen EU-Abstinenz nicht zum Single-Dasein verurteilt werden darf. Sie hat durchaus das Recht, glückliche Partnerschaften auch im Ausland anzustreben. Lediglich die Art und Weise sollte der Würde einer Bluechip-Airline entsprechen. Bei der Suche helfen heute Partnerwahlinstitute, die sich auf den geschützten Luftverkehr spezialisiert haben: «Fliegender Schweizer mit schönem Heckruder sucht solvente Asiatin. Hobbies: Reisen, Bioküche, Sabena. Ernstgemeinte Angebote unter Chiffre IATA MD 11.»

Sollte es mit dieser Kontaktanzeige nicht klappen, weil niemand mit einer Partnerin ohne europäische Landerechte anbandeln will, dann müsste sich die Swissair vom süssen Leben im internationalen Jet-set verabschieden. Möglich wäre dann immer noch eine zwar unspektakuläre, aber solide Partnerschaft mit einem terrestrischen Verkehrsunternehmen. Zum Beispiel mit den Busbetrieben Frauenfeld unter der Qualitätsbezeichnung «Thurtal Excellence». *(27. November 1997)*

RELIGION & ERLÖSUNG

Götterspeise

Es ist schwierig rauszukriegen, ob sich in jüngster Zeit tatsächlich mehr Wunder ereignet haben oder ob den Weltreligionen vermehrt die Schäfchenfelle davonschwimmen und sie sich deshalb einen verschärften Konkurrenzkampf liefern. In den vergangenen Wochen hatte der Hinduismus eindeutig seinen Rüssel vorn, als bekannt wurde, dass Statuen des elefantenköpfigen Gottes Ganesh in ganz Indien leidenschaftlich Milch zu trinken begannen. Und das Milchwunder im Land der heiligen Milchkühe war keine Ente der Boulevardpresse. Selbst seriöseste Presseerzeugnisse berichteten darüber – auch die «NZZ», welche ihrem Untertitel «Schweizerisches Handelsblatt» erneut Ehre machte und im gleichen Aufwasch den Preisanstieg der indischen Milch von 10 auf 100 Rupien pro Liter notierte.

Die trinkende Gottheit scheint in Indien ein durchschlagender Erfolg gewesen zu sein. Sogar bekennende Rationalisten seien nach einem Augenschein sprachlos gewesen und hätten beteuert, dass der Schluckspecht bzw. -elefant tatsächlich aus dargereichten Löffeln Milch aufgesogen habe. Obwohl auch aus Hindutempeln in den USA gleichartiges berichtet worden ist – die Ganesh-Statuen dort haben vermutlich nach Milch mit Corn Flakes verlangt –, kann ich mir einen hinduistischen Aufschwung im christlich-jüdischen Ausland trotzdem nicht vorstellen. Denn hier ist man bisher gewohnt, dass Götter etwas rausrücken statt es sich selber hinter die Binde zu giessen. In den materialistischen Industriestaaten gewinnt ein Gott, der für ein ganzes Volk Manna vom Himmel regnen lässt, mehr Anhänger als ein durstiger Elefant.

Sicherheitshalber verweisen die Konkurrenzreligionen der Hindus dennoch auf die wundersamen Dienstleistungen ihrer Gottheiten. An verschiedenen italienischen Marien-Wallfahrtsorten registrierte man daher in den letzten Tagen starke Stigma-Blutungen. Doch verlangt der mündige Gläubige heute vermehrt nach Lebensmittelwundern, wie das Beispiel Ganesh zeigt. Eine, die diesen Trend begriffen hat, ist die Scientology-Kirche. Die Sekte gab bekannt, dass ein Porträtbild des Kirchengründers L. Ron Hubbard plötzlich nach einem Hamburger verlangt habe. Seither verdrücke das Bildnis täglich 14 Big Macs samt Gurkenscheibchen, Ketchup und Styroporbehälter. Allerdings vermeldete die «NZZ» nach diesem Beef-Wunder keine steigenden Gurkenpreise.

Wen wundert's, dass dubiose Sekten versuchen, mit dem werbeträchtigen Milchwunder gleichzuziehen. Etwas peinlicher erscheint jedoch der Versuch gewisser protestantischer Kreise, auf diesen Zug aufzuspringen. Letzte Woche behauptete nämlich eine fundamentalistische Zwinglianerin, die Bronzestatue des Reformators in der Zürcher Wasserkirche hätte zu sprechen begonnen, von ihr ein Bügelbrett verlangt und darauf ihre Hemden gebügelt. Typisch: Bei den freudlosen Evangelisch-Reformierten sind selbst die Wunder noch profan.

(5. Oktober 1995)

Apocalypse later

Du sollst Deinen dummen Schäfchen nicht falsche Versprechungen machen, so sie sich eines Tages von Dir verarscht fühlen mögen. Dies steht geschrieben – wo genau, weiss ich nicht mehr. Jedenfalls haben dies am letzten Wochenende vor allem christliche Parteien erfahren müssen. In Sachsen-Anhalt versuchten die Bürger Helmut Kohls «blühende Landschaften» auszumachen, erblicken aber jeweils nur den grauen Plattenbau des arbeitslosen Nachbarn. Resultat: Proteststimmen für die rechtsradikale DVU. Was genau die CVP Obwalden den Wählerinnen versprochen hat, ist mir nicht bekannt – möglicherweise das Reich Cottis. Offenbar konnten sie ihre Versprechungen trotz jahrzehntelanger Dominanz nicht wahrmachen. Resultat: Proteststimmen für den vorbestraften Parteilosen Hans Hess.

Doch wie sollen Christdemokraten reüssieren, wenn selbst die Organisationen ihres geistigen Überbaus die eigenen Prognosen nicht umzusetzen vermögen? Auf dem christlichen Glaubenssektor werden von verschiedenen Gemeinschaften seit nahezu 2000 Jahren der Weltuntergang, das Jüngste Gericht oder zahlreiche Kombinationen daraus angekündigt. Genauest datierte Apokalypsen und Gottesstrafen sind nicht eingetreten; zumindest ich habe nichts davon mitbekommen. Da auf diesem Gebiet nach wie vor keinerlei Konsumentenschutz existiert, kann selten ein Religionsunternehmen für die falschen Versprechungen haftbar gemacht werden.

Besonders auf die Jahrtausendwende hin wird erneut kräftig prophezeit. Uriella, die Hochzeitstorte Gottes, sieht bereits im kommenden Sommer einen Weltkrieg ausbrechen, Meteoriten in die Nordsee plumpsen, als Dreingabe einen Planetoiden ganze Erdteile versenken und dafür Atlantis wieder auftauchen. Wer diesen Fiat-Lux-Wasserspielen entkommen möchte, kann sich bei Frau Bertschinger im Schwarzwald zur Errettung einschreiben. Zahlreiche weitere Sekten lassen ihren Untergangsphantasien freien Lauf, aber auch der Marktleader Vatikan lässt verstärkt Madonnen weinen bzw. bluten und präsentiert im Turiner Dom das Grabtuch Christi. Hier könnten Adventisten nur noch mit dem Strandtuch Petri kontern oder die Mormonen das Papyrus-Kleenex der Heiligen der Letzten Tage präsentieren.

Für den einfachen Gläubigen auf der Strasse wird es zunehmend komplizierter, sich auf eine garantiert seligmachende Richtung festzulegen und sich vor allem für ein definitives Weltuntergangsszenario zu entscheiden. Was nun, wenn er eine Option auf Uriellas Antarktis-UFOs 1998 setzt, der wirkliche Untergang aber erst 2000 stattfindet? Um diese Unsicherheit zu beenden, hat der Ökumenische Rat der Kirchen nach dem Vorbild der Aktienfonds eine breitgestreute Weltuntergangsanleihe herausgegeben. Mit dem sogenannten Apocalypse Equity Fund kann man sich an allen Szenarien für das Weltende beteiligen und so zumindest teilweise gerettet werden. Der Fonds setzt vor allem auf erstklassige Bluechips wie Papst Namen, Scientology Inhaber und Zwingli-Genussscheine. Klar untergewichtet sind Nebenwerte wie Neuapostolen, Zeugen Jehovas und Auns. *(30. April 1998)*

Fiat Auns

Erneut eine Horrormeldung aus dem boomenden Fusionssektor: Christoph Blochers Auns fusioniert mit Uriellas Fiat Lux! Mit dem Zusammengehen der beiden Sekten sollen Synergieeffekte erzielt werden, und zwar unter anderem auf den Gebieten der Geistheilung, Wissenschaftsklitterung und Idolisierung. Da der SVP-Politiker innerhalb des schweizerischen Nationalismus schon lange eine Uriella-ähnliche Position innehat und die Religionsunternehmerin im frisch gestärkten Hochzeitsfummel ebenfalls die Presse zur Feindin hat, drängte sich eine Kooperation förmlich auf. Ausserdem konnte die umständliche manuelle Produktion von heiligem Badewasser durch die Sektenchefin mit dem brachialen Lächeln der steigenden Nachfrage längst nicht mehr gerecht werden. Deshalb wird die Sosse jetzt bei der Ems-Chemie maschinell gefertigt, umso mehr als Auns-Funktionäre festgestellt haben, dass die Flüssigkeit auch gegen EU, perverse Bundesräte, Asylanten, Alzheimer und Staatssekretäre hilft.

Anderseits ist Uriella an der leicht- bis sehrleichtgläubigen Klientel der Aktion für eine unabhängige und neutrale Schweiz interessiert. Wer an Auns-Tagungen mit dem Segen des Chefs teilnimmt, darf mit bedingungsloser Zustimmung rechnen, egal welche Absonderlichkeiten er von sich gibt. Als wollte er Christoph Blochers vor kurzem erfolgte Warnung an die Jugend illustrieren, keinesfalls Akademiker zu werden, behauptete der emeritierte Geschichtsprofessor Peter Stadler an der vergangenen Auns-

Jahresversammlung, die Schweiz sei von «Fremdvölkern und deren Mentalität» sowie von nordafrikanischen Unterschichten bedroht. Uriella, bekanntlich ein ganz schlauer Lux, weiss genau, dass sie somit problemlos den domestizierten Auns-Rentnern die Erde als Scheibe, sich selbst als Schutzgeldengel oder die Fernheilung per Einzahlungsschein andrehen kann.

Zwar gleichen die Albisgüetlitagung oder das Auns-Konzil im Berner «National» bereits heute fundamentalistischen Erweckungsgottesdiensten, aber noch sind die Auns-Mitglieder nicht durch den Chef geweiht. Mit dem Fiat-Lux-Knowhow wird die Patriotenorganisation beispielsweise fähig sein, Taufrituale durchzuführen. Vor dem Winkelried-Denkmal oder auf dem Rütli werden die Getreuen für immer auf die kritikfreie Bewunderung des Präsidenten, gegen die Fremdvölker und für das Eigenvolk eingeschworen. Ebenda dürfte der zum Nationalexorzisten ernannte Christian Miesch Europaaustreibungen vornehmen und Professor Stadler Fürbitten gegen fremde Unterschichten abhalten. Statt Orgelmusik ertönt der Schweizerpsalm als Hudigääggeler-Oratorium für Treichler und Talerschwinger.

Das neue Konglomerat Fiat Auns wird nach dem Zusammenschluss der grösste Anbieter für einfache Wahrheiten in der Schweiz. Vermutlich kann sich dann die unter Mitgliederdünnpfiff leidende Freiheitspartei dem Sog der neuen Aktion für eine bigotte Schweiz nicht mehr entziehen. Sie wird sich geradezu dem Gebilde anschliessen müssen – möglicher Name: Fiat Auto. Dem Durchbruch der richtigen und rechten Wahrheit wird man so ein gutes Stück näherkommen, bevor dann der nächste und entscheidende Schritt folgt. Für den millionenschweren Auns-Chef wäre es nämlich ein Klacks, eine Beteiligung am Vatikan zu erwerben. Und sollte dies am ökumenischen Kartellamt scheitern, dann wenigstens die Lizenzrechte am Unfehlbarkeitsdogma. *(15. Mai 1996)*

Doppelmax

Nach der Versöhnung zwischen Michael Jackson und Paul McCartney, dem vom Fernsehen übertragenen Close Encounter Cotti/Blocher und der historischen Begegnung von Richard Gere mit dem Dalai Lama lässt sich in diesen Tagen eine weitere historische Begegnung zweier Ungleicher beobachten: Johannes Paul II. besucht Fidel Castro I. Bereits anlässlich einer kurzen Papstaudienz Castros im Vatikan wurden die Vorbedingungen ausgehandelt: Die Kubaner haben im letzten Jahr dem Wunsch des Papstes entsprochen, Weihnachten zum offiziellen Feiertag erklärt und so auch begangen. Ob sich beide Seiten feiertagsmässig annähern, wird sich spätestens am 1. Mai zeigen, wenn die demonstrierenden Werktätigen der vatikanischen Devotionalienindustrie auf dem Petersplatz den vollen Teuerungsablass und einen 13. Kirchenbatzen einfordern.

Teile der Weltöffentlichkeit werden sich fragen, was die beiden historischen Antagonisten zusammenführen mag. Ob sie endgültig die Frage klären möchten, welcher von beiden nun maximaler ist, der Pontifex Maximus oder der Maximo Líder? Ich bin überzeugt, dass beiderlei Interessen handfester Natur sind und sich die zwei Dogmatiker in erster Linie wegen ihrer offensichtlichen Gemeinsamkeiten treffen. Schliesslich sind sie beides ältere Herren an der Spitze von Machtapparaten, die nicht gerade als Hort demokratischer Gesinnung gelten. Ausserdem dürften beide mit der Nachfolgefrage beschäftigt sein. Vor diesem Hintergrund wird es den Patriarchen ein Vergnügen sein, unter vier Augen zahlreiche Tips auszutauschen und über ihre Hofschranzen zu tuscheln und zu kichern.

Zusätzliche Gemeinsamkeiten sind sowohl auf weltpolitischem als auch auf ökonomischem Gebiet absehbar. Während der Religionsführer gemäss marxistischer Ausdrucksweise mit «Opium fürs Volk» handelt, dealt der andere mit edlen Tabakprodukten. Dies wiederum vereint sie gegenüber den USA. Sollten dort die Antirauchergesetze noch mehr verschärft und selbst die Atomwaffenversuchsgelände zur nikotinfreien Zone erklärt werden, dann müssten sich die amerikanischen Rauchgegner nach weiteren schädlichen Räuchen umsehen. Es wäre lediglich eine Frage der Zeit, bis der Weihrauch in den Kirchen verboten würde, weil sich passivrauchende Baptisten und Mormonen durch den römisch-katholischen Dunst in ihren religiösen Gefühlen verletzt fühlen.

Nach dem Papstbesuch auf Kuba werden beide Maximos wie gegnerische Fussballspieler die weisse und die feldgrüne Uniform tauschen und im Rahmen der bilateralen Abrüstung die Reden- bzw. Messenlänge auf vergleichsweise humane fünf Stunden reduzieren. Der Heilige Vater allerdings wird sich überlegen müssen, welche touristisch-seelsorgerische Herausforderung ihm noch bleibt. Ich sehe da lediglich eine Ballon-Weltumrundung zusammen mit Bertrand Piccard und El Niño.

(22. Januar 1998)

Pope-Surfen im Internet

Ständig wird der katholischen Kirche vorgeworfen, sie sei allzusehr in der Vergangenheit verhaftet und sie könne sich nicht auf die Probleme des modernen Menschen einstellen. Rechtzeitig zu Weihnachten wurde nun aber die Meldung verbreitet, dass jetzt auch der Vatikan übers Internet erreichbar ist. Die Direktverbindung des computerisierten Gläubigen, welcher zu Hause am Dominus-Pentium sitzt, mit dem vernetzten Oberhirten in Rom wird tiefgreifende Veränderungen nach sich ziehen.

Ebenso wie die Kirche einst die Erfindung der Buchdruckerkunst zur Propaganda nutzte, wird jetzt das Computernetz zur Verbreitung der Lehre verwendet. Angestrebt wird letztlich die Übertragung des gesamten seelsorgerischen Service aufs Internet. Durch die Direktverbindung mit dem päpstlichen Zentralcomputer wird die Entfremdung zwischen Schäfchen und Hirten verringert, die zunehmend in Verruf geratenen Zwischenwirte bzw. -hirten werden weitgehend ausgeschaltet und auf diese Weise die päpstliche Autorität gestärkt.

In der Praxis muss sich das allerdings noch bewähren, und einige komplizierte eucharistisch-elektronische Abwicklungen sind noch nicht ganz ausgereift. Es ist anzunehmen, dass wie einst zu Luthers Zeiten die Debatte um die Transsubstantiation wiederaufleben wird, denn vatikanische Computerfachleute arbeiten zur Zeit an der Möglichkeit für Katholiken, das Abendmahl direkt vom Papst abzurufen. Zu diesem Zweck wurden für einen Versuchsbetrieb Oblaten in Form von 3,5-Zoll-Disketten hergestellt. Der Gläubige kann diese nun übers Internet vom Papst absegnen lassen. Anschliessend empfängt er kniend die geweihte Hostie direkt aus dem Laufwerk A.

Sollte sich dieser Internetzugang zum rechten Glauben bewähren, sind weitere Ausbaustufen möglich. Zum Beispiel der elektronische Beicht-Service mit einer Buss-Karte, welche bei jeder eingetippten Sünde entwertet wird. Ist sie schliesslich leer, kann online wieder ein Update verlangt werden. Natürlich wird es dem Vatikan nicht möglich sein, diese Dienstleistung kostenlos zu erbringen. Die neuentwickelte Software «Offertory 95» ermöglicht es der Kirche, das Bankkonto des Opfers direkt anzuzapfen, um die Spendeschuld einzuziehen.

Die gerade unter Johannes Paul II. etwas unübersichtlich gewordene lange Liste der Heiligen und Seligen kann mit einem Download heruntergeladen werden. Somit hat jeder Katholik die Möglichkeit, auf dem Bildschirm multimediale Erscheinungen abzurufen. Auch Papstaudienzen müssen nicht mehr durch eine mühselige Reise nach Rom erkauft werden. Mit dem Befehl http://www.pont.max/vize.inri.aud erscheint die beringte Hand des Papstes auf voller Bildschirmgrösse. Dazu die Meldung: «You may kiss the screen now.» Gemäss Auskunft der vatikanischen Glaubenskongregation hat die vollautomatisierte Internetaudienz dieselbe Wirkung wie eine persönliche Begegnung mit dem Oberhirten. Vorausgesetzt man ist konfessionell kompatibel und der entsprechende Hirtentreiber wurde korrekt installiert.

(28. Dezember 1995)

Putsch im Vatikan

Es war eben doch keine gewöhnliche Randaliererei aus Freude über den Cupsieg des FC Sion, in die einige Schweizergardisten in Rom verwickelt waren. Es war ein Putschversuch der Schweizergarde, die ihren Kommandanten, Oberst Roland Buchs, an die Vatikanspitze hieven sollte – als Papst Roli I. Natürlich versucht jetzt ebendieser, den peinlichen Vorfall als harmlose Rangelei von beschwipsten Gardisten mit der Römer Polizei abzutun. Wie wenn die frommen Fremdenlegionäre nicht wüssten, dass man in Italien Fussballsiege nicht mit dem Demolieren von Autos feiert, sondern indem man damit hupend durch die Strassen fährt.

Da ich berufshalber häufig mit schwerstkatholischen Kreisen zu tun habe, sind mir die wahren Begebenheiten des neuen Sacco di Roma zugetragen worden: Bereits vor einer Woche brachen von Schweizergardisten geschürte Unruhen in der vatikanischen Oblatenstanzerei aus. Aufgebrachte Oblatisten-Mönche begaben sich auf den Petersplatz, verlangten in gregorianischen Sprechchören nach Ehefrauen, wobei sie die Parole «Wir sind der Klerus» skandierten. Unterstützt wurden sie von den Angestellten der päpstlichen Reliquienmanufaktur, die sich mit den Oblatisten solidarisierten, indem sie mit einem Streik die gesamte Produktion von Christus-Grabtüchern lahmlegten.

Um die Machtansprüche des Gardistenkommandanten zu kaschieren, wurde kurz nach dem Beginn der Rebellion eine provisorische Regierung aus Domwächtern,

Devotionalienverkäufern und rangniederen Prälaten gebildet. Diese forderte die Vatikaner dazu auf, binnen dreier Tage sämtliche Hellebarden, Inquisitionswerkzeuge und Exorzistenbestecke bei der Schweizergarde abzugeben. Ausserdem wurde die offizielle Anrede Monsignore abgeschafft und gleichzeitig eine rigorose Geburtenkontrolle eingeführt. Nur der päpstliche Leiborden Opus Dei verschanzte sich in einigen geheimen Beichtstühlen, um das alte Régime mit Stossgebeten zu verteidigen.

Wo genau sich zu diesem Zeitpunkt der heilige Vater aufgehalten hat, ist nicht bekannt; es tauchten Spekulationen auf, er sei in Südamerika gewesen, einige haben ihn aber auf Staatsbesuch in Norwegen gesehen, und aus Afrika wurde gemeldet, er lese gerade eine Messe in Nairobi. Am wahrscheinlichsten ist aber, dass sich der Pontifex nach Ausbruch der Unruhen sofort in seine Zweitresidenz Fiumicino begab, wobei es ihm gelang, seine angehäuften Schätze an Reisechecks, Samsonite-Koffern sowie 200 Magnumflaschen Messwein aus Tschenstochau mitzunehmen.

Noch am selben Tage trafen auf dem vatikanischen Bahnhof die ersten Güterzüge mit Hilfslieferungen ein. So schickte die Evangelische Kirchensynode 10 Tonnen Sonderdrucke von Luthers Thesen, aus dem iranischen Qom trafen Wagenladungen mit Tschadors und aus Salt Lake City zwei mormonische Missionare in grauen Polyesteranzügen ein. Ausserdem hat der im Exil lebende dissidente Theologe Hans Küng seine Bereitschaft angemeldet, für eine Übergangszeit das Amt eines Volkspapstes zu übernehmen.

Doch es sollte alles anders kommen. Die durch ein Konkordat mit dem Vatikan verbundene italienische Regierung, welche die eidgenössischen Lombardeiraubzüge nicht vergessen hatte, war nicht bereit, eine kostümierte schweizerische Militärjunta im Kirchenstaat zu dulden. Wenn schon ein gewaltsamer Wechsel an der Vatikanspitze erfolgen solle, dann hätten die Italiener einen eigenen Kandidaten. Silvio Berlusconi solle den Posten übernehmen, weil es in Vatikanien ohnehin üblich sei, dass das Oberhaupt gleichzeitig Presse und elektronische Medien kontrolliere.

Als die Rebellierenden dies hörten, bereuten sie und weinten bitterlich. Und sie gingen hin und holten den entmachteten Papst aus seiner Lieblings-Alitaliamaschine, um ihn wieder in sein Amt einzusetzen. *(15. Juni 1995)*

Haas gewinnt

Die eigentliche Ursache im Konflikt zwischen dem pflichtbewussten Dicken in der bischöflichen Trutzburg zu Chur und einem grossen Teil seines Diözesanvolkes sind die penetranten fortschrittlichen Katholiken. Mit weltlich-formaljuristischen Mitteln versuchen sie gegen die richtige Lehre anzukämpfen. Jüngstes Beispiel: Die liberale Kirchenpflege im zürcherischen Horgen verwehrt dem von Bischof Haas eingesetzten Vikar Thomas Rellstab das Gehalt und möchte ihm zudem den Wohnsitz im Pfarrhaus verwehren. Nur weil Rellstab ein Spezi des ebenso unerwünschten Pfarrers Thomas Bieger ist, eine vom Churer Chef anerkannte Kapazität im Vernichten von Teufeln aller Art.

Die modernen Katholiken in Horgen möchten also weder einen Exorzisten noch dessen Hilfsaustreiber in ihrer Gemeinde haben. Es ist anzunehmen, dass sie, wie viele ihrer Glaubensgenossen, auch Wolfgang Haas möglichst bald loswerden wollen und vermutlich den Papst dafür verantwortlich machen, dass er dessen Treiben nicht nur zusieht, sondern es höchstwahrscheinlich unterstützt. Ich spekuliere weiter: Die Mehrheit der Haasgegner postuliert die kirchliche Gleichberechtigung der Frau sowie deren Zulassung zum Priesteramt, vielleicht auch die Priesterehe und letztlich die Volkswahl von Bischöfen oder gar des Papstes. Wenn dieses aufklärerische Gedankengut unter Katholiken schon so weit verbreitet ist, dann bin ich – selbst als Nichtmitglied dieser Vereini-

gung – voller Verständnis für die Mission von Bischof Haas.

Mein Gott – Menschenrechte und Demokratie gehören doch nicht in eine Institution, in der sich bereits ein kleiner Vikar wie Thomas Rellstab als «Stellvertreter Christi im Priesterdienst» versteht! Und weshalb bezeichnet sich selbst das unterste Kader selbstbewusst als Vertreter Gottes? Weil es in direkter hierarchischer Linie vom Shareholder Christi auf Erden, mit Stuhl in Rom, eingesetzt worden ist. Und da wollt Ihr, fortschrittliche Katholiken, mit schnöden Stimmzetteln, fröhlichen Kirchentagen und Rock in der Basilika dagegen anrennen? Nein, nein, ich aber sage Euch: Bischof Wolfgang Haas ist eben der wirklich wahre und konsequente Katholik, denn liberale Theologie ist und bleibt eine contradictio in adjecto, wie ich es als gestandener Kirchen- und Küchenlateiner zu nennen beliebe. Auf Deutsch: Ihr seid vollkommen verdorbene Protestanten!

Die durch den unchristlichen Kleinkrieg zunehmend angewiderte nichtkatholische Öffentlichkeit erstaunt es deshalb, dass Bischof Haas noch nicht zum wirksamsten unternehmerischen Kampfmittel gegriffen hat: Die ganze liberale Mischpoke aussperren und, vereint mit der evangelischen Landeskirche, zwangszwinglianisieren. Viele Reumütige werden nach kurzer Zeit wieder geläutert zur Mutter aller Kirchen zurückkehren. Denn den Wechsel von den schönen liturgischen Gewändern zu den weissen evangelisch-fortschrittlichen Rollkragenpullis verkraftet keiner.

(18. Januar 1996)

Aufs Dach

Eine konstitutionelle Erbmonarchie wie Liechtenstein kann auch für eine republikanische Eidgenossenschaft vorbildlich sein. In Sachen Uno-Mitgliedschaft zeigt das Fürstentum beispielsweise eine charmante Unverkrampftheit. Auch gegenüber der EU pflegt die kleine geile Monarchie eine natürliche Anhänglichkeit, ohne dass die von Schweizer EU-Phoben gefürchteten «Brüsseler Richter» das Ländle unter ihre Knute kriegten. Selbst wenn wir Liechtenstein grosszügig unsere Währung mitbenutzen lassen, müssen die fürstlichen Untertanen einiges von Schweizerseite erdulden, etwa dann, wenn unsere Armee in grossmachtmässigem Manövereifer die halbe Bewaldung Liechtensteins niederbrennt oder übungshalber die Staatsgrenzen ankratzt.

Vor diesem Hintergrund dürfte man von dem Kleinstaat ein besonderes Mitgefühl für andere unterdrückte Nationen erwarten. Zwar hat das Vaduzer Parlament vor einem Jahr unerschrocken den Uno-Generalsekretär aufgefordert, das Oberhaupt der Tibeter, den Dalai Lama, zu einem Gespräch zu empfangen – ungeachtet einer chinesischen Demarche. Doch offenbar sind derart laute Forderungen einfacher als eine leise Unterstützung für wenige tibetische Flüchtlinge. Liechtenstein will nämlich tibetische Asylsuchende nach China zurückschicken, was für die Betroffenen möglicherweise Gefängnis oder gar Folter bedeutet.

Aber sicher, auch die Schweiz macht mit ihrer Menschenrechtspolitik gegenüber China eine sackschwache

Figur, denken wir nur an die Beteiligung von Schweizer Firmen am Landersäufungsprojekt «Drei Schluchten» oder an die peinliche Partnerschaft Zürichs mit der chinesischen Stadt Kunming. Weshalb äfft nun aber das sympathische Ländle mit seinem sonst so unkonventionellen Fürstle die harsche Asylpolitik der Schweiz nach? Viele Vaduzologen führen dafür psychologische Gründe an.

In der Tat fallen ein paar vermeintliche Parallelen zwischen Liechtenstein und Tibet auf. Beide religiösen Oberhäupter residieren nicht im hoch über der jeweiligen Hauptstadt Vaduz/Lhasa gelegenen Palast, sondern wohnen – aus unterschiedlichen Gründen – im Ausland. Einerseits der wiedergeborene Dalai Lama als vom Volk geliebter, auch in religiösen Fragen toleranter und trotz aller politischen Widrigkeiten humorvoller Flüchtling im indischen Exil. Anderseits der nur einmal geborene Wolfgang Haas als vom Volk nicht sonderlich geliebter Bischof im Potala-Palast zu Chur. Beide bemühen sich um einen gebührenden Platz im Himalaja bzw. Himmel, aber während der eine mit Hilfe seiner Mitstreiter wieder aufs Dach der Welt zurückkehren möchte, erhält der andere von seinen Mitbrüdern regelmässig eins aufs Dach.

Diese Situation schafft natürlich Animositäten, zumal die Fünf Tibeter ungleich populärer sind als die Dreissigtausend Liechtensteiner. Trotzdem, Ländlebewohner, lasst noch einmal Gnade vor nicht vorhandenem Asylrecht walten und nehmt die tibetischen Flüchtlinge auf. Sonst droht euch eines Tages selber die Rückschaffung des Exil-Bischofs von Chur. *(9. Oktober 1997)*

Erz in Vaduz

Es ist mir unangenehm, wenn meine eigenen bizarren Vorahnungen Realität werden. Anderseits geschieht es den Liechtensteinern auch recht, weil sie nicht auf mich hören wollten. Vor zwei Monaten habe ich an dieser Stelle unseren Freundnachbarn empfohlen, den von der Ausweisung nach China bedrohten Tibetern nur schon deshalb Asyl zu gewähren, weil sonst eines Tages der Exilliechtensteiner Wolfgang Haas zur Strafe in die Heimat zurückgeschafft werden könnte. Sowohl Regierung wie Parlament in Vaduz haben meine Warnung ignoriert. Ohne Erbarmen entschieden sie gegen die Flüchtlinge – und prompt wird Haas als Erzbischof von Liechtenstein an seinen Herkunftsort retourniert.

Der Papst mochte nun doch nicht mehr länger an der Demontierung seiner eigenen Organisation festhalten und hat den einsamen Potentaten im Churer Bischofspalast wegbefördert. Als Trost für den allzu treuen Diener schafft der Vatikan ein neues Bistum Liechtenstein und hängt zudem noch ein Erz vor den Bischofstitel. Wer ausser dem eisernen Hirten Haas verdient diese Bezeichnung mehr? Freude an diesem Entscheid dürfte das liechtensteinische Fürstenhaus haben, welches zeitweise nicht frei von absolutistischen Gelüsten ist. Vermutlich ändert sich nun im Ländle einiges: In der Schule wird wieder gelehrt, dass das Fürstentum keine Kugel, sondern eine Scheibe ist.

So sehr die Nachricht von der Versetzung des Churer Bischofs unter den Schweizer Katholiken Freude ausgelöst hat – kritische Stimmen gibt es selbstverständlich auch, vor allem unter den aufgeklärten Liechtensteiner Untertanen. Sie hoffen allerdings noch darauf, dass der Erzbischof nicht persönlich in Liechtenstein Einsitz nehmen und lediglich ein Briefkastenbistum einrichten werde. Da das neue Kleinstbistum keine Tagesstelle erfordert, müsste Haas in Rom noch den Teilzeitjob eines Souvenirprälaten annehmen. Auch befürchten viele, dass nun das Fürstentum als Deponie für ungeliebte Amtsträger missbraucht wird. Biga-Direktoren, überfällige Bundesräte und UBS-Verwaltungsratspräsidenten könnten in Vaduz endgelagert werden.

Die Wegbeförderung von Haas hat besonders bei Schweizer Humorschaffenden Bestürzung ausgelöst. Die Stiftung Pro Humore helveticae hat zusammen mit den nationalen Fasnachtskomitees den Bundesrat aufgefordert, umgehend in Rom gegen diesen Angriff auf das schweizerische Witzgewerbe zu protestieren. Wegen der zeitgleichen Rücktrittsankündigung von SP-Generalsekretärin Barbara Haering Binder distanzierte sich im übrigen SP-Präsidentin Ursula Koch scharf von den Gerüchten, sie habe die Zurücktretende als Erzgeneralsekretärin nach Liechtenstein versetzen wollen.

Verschiedene Beobachter und Haas-Kenner bezeichnen es als Zeitfrage, bis im neuen Bonsai-Bistum dieselben Zustände herrschen wie in der Churer Diözese heute. Den Vatikan wird dies vor immer schwierigere Probleme stellen, denn er müsste den Wirkungskreis von Haas erneut verkleinern und seinen Titel nochmals vergrössern. Eigentlich wäre nur noch eine Beförderung möglich: Supererzkardinalfürstbischof von Balzers. *(4. Dezember 1997)*

MOBILITÄT & GLOBALITÄT

Italianità ferroviaria

Die Ungleichheiten zwischen Schiene und Strasse sind in letzter Zeit etwas ausgeglichen worden. Zwar nicht was die Kostenwahrheit betrifft, aber in Sachen Reiseerfahrung auf der Nord-Süd-Achse haben die SBB gegenüber dem motorisierten Privatverkehr mächtig aufgeholt. Der Pendolinozug ermöglicht es jetzt auch den Bahnreisenden, am gemeinschaftlichen Stauerlebnis auf der Gotthardroute teilzunehmen. Seitdem ein Pendolino in der Leventina einen mehrere hundert Meter langen Schienenstau verursacht hat, nehmen es die festsitzenden Autofahrer in ihrer Kolonne wesentlich gelassener. Und für einmal können sie es den Bahnreisenden heimzahlen, welche jeweils schadenfreudig aus dem fahrenden Zug auf die Stausteher hinunterwinken.

Über die Ursachen der Pendolinopannen ist viel geschrieben und verlautbart worden. Die SBB, die Betreiberfirma Cisalpino AG, die Herstellerfirma Fiat und die Werkstätte der italienischen Staatsbahnen machen sich gegenseitig für die Flops verantwortlich. Ich bin der Meinung, dass die Fehler auf grundsätzlicher Ebene gesucht werden müssen. Vermutlich war es von Beginn weg keine gute Idee, ausgerechnet den grössten Autohersteller im Land der ungebremsten Automanie mit einer technischen Neuheit auf dem Gebiet des öffentlichen Verkehrs zu betrauen. Misstrauisch hätten die Schweizer Auftraggeber bereits bei den ersten Designentwürfen werden sollen. Das ästhetische Äussere des Neigezuges gleicht verdächtig den modernen Kassiererhäuschen auf den italienischen Autobahnzahlstellen. Der Verdacht liegt deshalb nahe, dass es sich bei der Pannenserie um eine Verschwörung der Automafia gegen den Schienenverkehr handelt.

Das Ärgernis, dass der stehengebliebene Pendolino am Gotthard lange nicht abgeschleppt werden konnte, weil offenbar die Kupplung der Hilfslokomotive nicht kompatibel war, weist jedoch auf das Hauptproblem hin: Die Normen Italiens und der Schweiz passen selten zueinander. Aufs schwerste missachtet wurden die typisch mediterranen Eigenheiten des Zuges, gerade was die Kurvenneigung betrifft. Der Pendolino neigte sich beispielsweise regelmässig in Altdorf auf gerader Strecke zur Seite. Eine Untersuchung brachte zutage, dass dies aufgrund des nahen Wohnortes von Nationalrat Franz Steinegger erfolgte. Zu spät erkannten die SBB-Verantwortlichen, dass sich ein Italiener eher vor einem einflussreichen Onorevole verneigt als vor einer Kurve.

Um die SBB-Lokführer vom Vorwurf der Fehlmanipulation zu entlasten, sei betont, dass die Konstrukteure des Pendolino anstelle der üblichen Sicherheitsfahrschaltung eine vollelektronische Gaggia-Espressomaschine eingebaut hatten, deren Energieverbrauch jeweils die Klimaanlage lahmlegte. Und bei den Pannen mit dem Türschliesssystem hätte eine Warnlampe mit dem Kürzel «AD» aufgeleuchtet, was die Schweizer Lokführer mit «Automatic Doors» interpretierten. Gemäss zu spät ausgelieferter Bedienungsanleitung ist die «AD»-Leuchte jedoch ein Warnsignal des Speisewagens an den Lokführer und bedeutet nichts anderes als «al dente». *(7. August 1997)*

Autobahn of the Year

Fast zeitgleich mit der Umbenennung der Nationalstrassen von N zu A ist der begehrte Prix Strada erneut überreicht worden. Dieses Jahr erhielt die begehrte Auszeichnung das Autobahnteilstück Zürich–Winterthur. Der ausgezeichnete Abschnitt der ohnehin schon mehrfach lobend erwähnten A1, vormals N1, darf sich nun während zwölf Monaten «The Autobahnteilstück of the Year» nennen.

Dieser schöne Erfolg ist zum einen das Verdienst der Behörden, die den Strassenabschnitt bisher mit rigorosen Schutzmassnahmen in seinem ursprünglichen Zustand erhalten konnten. Anderseits hat sich auch die lokale Bevölkerung für das Teilstück eingesetzt. So ist noch in rührender Erinnerung, wie der Landfrauenbund Dietlikon zur Begrünung des Mittelstreifens am Brüttiseller Dreieck aufgerufen hat. Diese Aktion rief um so mehr Bewunderung hervor, als doch die meist älteren Landfrauen ein erhebliches gesundheitliches Risiko auf sich nahmen, um die frischen Blumensetzlinge an ihren vielbefahrenen Ort zu bringen.

Diesem Effort konnte die schärfste Prix-Strada-Rivalin des A1-Teilstücks, die Ceneri-Autobahn, nichts Wesentliches entgegensetzen. Der Gratisausschank von billigem Merlot auf der Passhöhe vermochte die Jury der preisstiftenden Vereinigung Pro Via nicht mehr umzustimmen. Im übrigen monierten die Preisrichter, die Tessiner hätten mit eigentlichen Bestechungsgeschenken den Entscheid zu beeinflussen versucht. Ein Juror berichtete, der Schweizer Hauptsitz der Pro Via, lokalisiert in der Raststätte Gunzgen Süd, sei während des vergangenen Jahres mit insgesamt 18 Paar Zoccoli und 9 silbernen Polenta-Löffeln bedacht worden.

In der Preisbegründung wird auf die geschichtliche Bedeutung des prämierten A1-Teils hingewiesen – verbinde doch der Strassenabschnitt die ehemals österreichische Garnisonstadt Winterthur mit dem heutigen Bankenplatz Zürich. Obwohl somit ein historisches Strassenstück – vergleichbar nur noch mit der Hohlen Gasse, der Route 66 oder der Via Dolorosa –, weise die Autobahn in modernster Weise weder Stoppstrassen noch Bahnschranken auf.

Der Autobahnabschnitt, so die Pro Via, beginne mit fulminanter Breitspurigkeit beim Einkaufszentrum Glatt, stosse in einer kühnen Geraden durch das wild zerklüftete Glattal, um munter dem noch weitgehend unerforschten Illnau-Effretikon zuzustreben. Nach der Durchquerung eines spärlich bewachsenen Savannengürtels führe die Strasse, entlang dichter Wälder und Überbauungen, direkt zu einem Gasthause. Dessen Name «Raststätte Mövenpick Kemptthal» deute darauf hin, dass nun die Ortschaft Kemptthal nicht mehr weit sein könne. Und tatsächlich erblicke der müde Fahrzeuglenker, nachdem er die windgepeitschte Hochebene nahe des Fleckens Lindau hinter sich gelassen habe, keine hundert Werst Richtung Norden, die Brücke am River Kempt. Entlang des lustig vor sich hin murmelnden Flusslaufes dauere es sodann keine Tagesreise mehr, bis die Schlote von Rieter und Sulzer am Horizont auftauchten und das nahe Ziel verheissten oder womöglich gar verhiessen: Winterthur, Stadt der Motorfahrzeugversicherungen.

Zum Schluss des Juryberichtes werden noch die Spezialpreise erwähnt: Der Gotthardtunnel gewinnt zum achten Mal hintereinander den Prix Kaverna für die röhrigste Tunnelröhre. Mit dem Prix Dogana wird der Grenzübergang Chiasso für dessen grenzenlose Zöllnerei ausgezeichnet, und die «Goldene Notrufsäule» geht an Elisabeth Kübler-Ross. *(18. Juli 1996)*

Stausatire

Satire habe keinerlei politische oder gesellschaftliche Auswirkungen, wird immer wieder behauptet. Nicht einmal allerkleinste Veränderungen im Alltagsverhalten der Menschen habe selbst bitterbösestes und respektlosestes Satireschaffen zur Folge, vermelden sogar meine defaitistischen Berufskollegen. Es musste wieder einmal Ostern werden, um diese Kleingläubigen eines dümmeren zu belehren. Die öden Witze und matten Satiren über den Stau am Gotthard, wie man sie gar nicht mehr hören mag – sie haben endlich Wirkung gezeigt, wenn auch eine ungewollte. Denn dieses Jahr sind die Staus noch grösser geworden, obwohl alle privatmotorisierten Sonnenhungrigen mit frisch montierten Sommerpneus genau wussten, dass es im Süden noch stärker und kälter vom Himmel schneien wird als auf der Alpennordseite.

Dies ist ein schöner Erfolg für alle, welche seit Jahren den engagierten Finger auf immer dieselbe wunde Stelle gelegt haben. Auch wenn die Wirkung im krassen Gegensatz zu ihrer Absicht steht, haben sie dafür gesorgt, dass ihrem Publikum die Gesinnungslacher im Stau steckengeblieben sind. Wer die Nerven hatte, sich auch dieses Jahr wieder die österlichen Fernsehbilder der Autokolonnen anzusehen (von kritischen Journalisten als «Blechlawine» gebrandmarkt), musste beschämt erkennen, dass jeder Zuhausegebliebene nichts anderes als ein griesgrämiger Verkehrsspiesser ist. Entsetzt realisierten die von der eigenen Vernunft gepeinigten Stubenhocker, dass die stehenden Südenfahrer ihre Situation in vollen Zügen genossen. Da gingen in den Autos regelrechte Parties ab, es wurde zugeprostet und mit Eiern getütscht, gescherzt und das Stauerlebnis mit solidarischer Fröhlichkeit gefeiert.

Qualitativ bestand eigentlich kein grosser Unterschied zu jenen Abertausenden, welche zur gleichen Zeit auf dem Römer Petersplatz Stau standen und auch nichts besseres vor sich hatten als eine grosse Röhre. Das gemeinsame Stillstehen wird offenbar in der hektischen Epoche vor der Jahrtausendwende zum kultischen Massenvergnügen. Wer will es den Menschen verübeln, dieses Stehen im bequemen Sitzen zu absolvieren, und zwar im eigenen Auto? Das Fortbewegungs- als Kommunikationsmittel gebrauchen zu lernen, fremden Stillstehenden zu begegnen und somit auf öffentlichem Grund wahre Multikulturalität zu praktizieren – dies ist die österliche Botschaft 1998.

Wenn da nur nicht die unvermeidlichen Spielverderber wären. Leute, die danach trachten, das soziale Vergnügen der Automobilisten durch immer neue Gesetze zu vermiesen. Als der Osterstau gerade so beschaulich über dem Urnerland lag, überfielen die lärmigen Aktivisten der Freiheitspartei die friedliche Szenerie, um für ihr Initiativenpaket mit dem freudlosen Titel «Kampf dem Stau» Unterschriften zu sammeln. Michael Dreher und seine moraltriefenden Staugegner behaupten seit geraumer Zeit, auf den verstopften Autobahnen finde täglich eine «Abstimmung auf Rädern» statt. Sicher, aber wer die Verkehrsmeldungen an Ostern redlich analysiert, kommt zum Schluss, dass sich diese Abstimmung erdrutschartig *für* den Stau ausspricht. Kapiert, Mike?

(16. April 1998)

Luftablass

Die Weltklimakonferenz in Kyoto hat deutlich gezeigt, was die westlichen Industrieländer meinen, wenn sie von der abendländischen Kultur reden und diese für die Dritte Welt nachdrücklich empfehlen. Vor allem die USA und hier im speziellen der durchtrainierte Ökologendarsteller Al Gore haben eine uralte, tief in der Kirchengeschichte verwurzelte Schuldbeseitigungsstrategie neu aktiviert, nämlich den Ablasshandel. Nach mittelalterlichem Vorbild, als wohlhabende Sünder durch Bezahlung einer ordentlichen Summe christliche Vergebung erlangen konnten, versuchten die USA in Kyoto, den Handel mit sogenannten Emissionszertifikaten durchzusetzen. Diese erlauben es den reichsten Dreckschleuderstaaten, ihre Treibhausgase weiter in die Atmosphäre abzulassen. Vorausgesetzt, sie entrichten jenen Ländern, welche den erlaubten Giftausstoss nicht ganz schaffen, ein anständiges Lösegeld.

Einige Umweltminister haben das dürftige Konferenzergebnis als Erfolg, die Vertreter der Umweltschutzorganisationen als Flop bezeichnet. In Wirklichkeit haben die beiden Geiseln der Autoindustrie, Clinton und Gore, zwar dem immer wärmer werdenden «Planet Earth» keine Abkühlung verschafft, dafür mit dem «Emissionsablass» einem beispielhaften Rechtssystem zum Durchbruch verholfen. Wer irgendwo irgendwas versaut, die Welt verdreckt oder gegen rechtliche wie moralische Regeln verstösst, der sollte dies mit ein paar grossen Scheinen regeln können.

Wir kommen jetzt zu den praktischen Beispielen. Auf dem Gebiet der Arbeitsstellenvernichtung haben UBS und Bankverein ihr erlaubtes Kontingent deutlich überschritten. Um diese Sünde gleich wieder zu tilgen, zahlen die Grossbanken den wenigen noch nicht fusionierten Geldinstituten eine millionenschwere Ablasssumme. Dies berechtigt sie anschliessend, nochmals einige Tausend Jobs wegzurationalisieren. Auch auf dem privaten Sektor wird gegen Entgelt vergeben. Wer deutlich mehr Menschen umbringt als gestattet, kann bei der Mutterschaftsversicherung ein Exituszertifikat erwerben. Japanische Walfänger schliesslich erkaufen sich ihr Lebertranzertifikat von Luxemburg, dessen Walfangquote kaum der Rede wert ist.

Nimmt allerdings die globale Erwärmung durch den zertifikatmässig erlaubten CO_2-Ausstoss Ausmasse an, dass Gletscher schmelzen sowie Inseln und Küstenregionen absaufen, müssten die Ablasszertifikate wie im Mittelalter wieder an die Kirche bezahlt werden. Denn diese ist ja zumindest indirekt für die Schöpfung verantwortlich. Wir können also beruhigt der Klimakatastrophe entgegensehen, da juristisch niemand für den Untergang zu belangen sein wird. Deshalb sollte jede nur mögliche Ursache für eine Klimaerwärmung mit gültigen Zertifikaten abgedeckt werden. In dieser Hinsicht möchte der Bundesrat mit gutem Beispiel vorangehen. Flavio Cotti hat bereits beim klar und knapp formulierenden Kaspar Villiger ein sogenanntes Redundanzzertifikat erworben. Es dient dazu, den bei Cottis Neujahrsansprache zu erwartenden Ausstoss an warmer Luft rechtlich zu legitimieren. *(18. Dezember 1997)*

Pro Specie Rara

Es verhält sich mit den Touristen wie mit dem Ozon: Statt sich an Orten aufzuhalten, wo Bedarf herrscht – nämlich in Schweizer Hotels beziehungsweise in der Stratosphäre –, konzentriert sich sowohl der Ferienreisende wie auch das Reizgas an unerwünschten Stellen, vor Alpentunnels beziehungsweise in der Nähe von menschlichen Schleimhäuten. Die Lösung drängt sich jedem einfach denkenden Zeitgenossen auf: Umverteilen. Die Wissenschaft hat bisher noch keinen gangbaren Weg gefunden, um das sowohl schützende wie ätzende Ozon vom Boden wieder in die nach ihm benannte Schicht zu transportieren, damit es dort im Dienste von Menschen und Pflanzen die UV-Strahlung zurückhält. Auch im Falle fehlgeleiteter Touristen zeichnet sich keine einfache Lösung ab.

Gerade in den von Naturschönheiten verwöhnten Regionen beklagt man in diesen Tagen die Fremdenverkehrskrise und spricht vom schlechtesten Sommer seit 35 Jahren. Nicht dass die Touristen die Schweiz meiden würden – im Gegenteil. Sie kommen gehäufter und motorisierter denn je, nur übernachten sie lieber im Stau statt in unsern Hotels und sparen sich das Feriengeld unerklärlicherweise für die vielfältigen italienischen Panini, Tramezzini, Focacce und Paste dolci, wo sie doch in Schweizer Restaurants die aufregende Wahl zwischen einem lieblos geschichteten Schinken- und einem genormten Salamisandwich zum vierfachen Preis samt unverschämter Bedienung hätten.

Es ist erfreulich, dass die Schweizer Fremdenverkehrsbranche dieses Problem in einer gemeinsamen Aktion angehen und erst mal die Bewegungen von Touristen in der Schweiz erforschen will. Sollte sich nämlich der ausländische Feriengast immer mehr zu einer vom Aussterben bedrohten Gattung entwickeln, dann müsste man sich die bereits erfolgte oder geplante Wiederansiedlung von Luchsen, Wölfen, Braunbären und Bartgeiern vor Augen führen, um daraus Lehren zu ziehen.

In dieser Sommersaison wurden an der Basler Grenze bereits einige deutsche Touristen mit Narkosegewehren betäubt, um sie zu wissenschaftlichen Zwecken in Ruhe untersuchen zu können: mitgeführte Währungen und Strassenkarten, die über das Reiseziel Aufschluss geben können, Ausrüstungsgegenstände, die auf willkommene Bergwanderungen oder missliebige Strandferien hinweisen etc. Bevor man die narkotisierten Exemplare wieder in ihr Auto setzte, wurde ihnen ein Kleinsender an einem Halsband verpasst, um so genaue Rückschlüsse über ihre Fahrten und Wanderungen ziehen zu können. Die Resultate waren niederschmetternd: Die immer schwächer werdenden Sendersignale liessen regelmässig auf den direktesten Weg nach Italien schliessen.

Deshalb hat der Schweizer Tourismus-Verband den Bundesrat zur sofortigen Hilfe aufgefordert. Transittouristen sollen von Armee- oder Polizeiverbänden an jenen Orten eingefangen werden, wo sie zu einer Plage geworden sind (Gotthardautobahn, Zollstation Chiasso), um sie in den Hotellerie-Krisenregionen (Wallis, Tessin, Oerlikon) wieder auszusetzen, und zwar zur Vollpension. Im allgemeinen rechnet die Branche mit wesentlich geringeren Problemen als bei der Wiederansiedlung von Luchsen und Wölfen, da kaum anzunehmen ist, dass einheimische Bauern die Ferienreisenden illegal abschiessen werden. Solange sie nicht versuchen, sich über die grüne Grenze ins Ausland abzusetzen. *(27. Juli 1995)*

BOULEVARD & VERMISCHTES

Boulevard von vorn und hinten

Das frühzeitige Scheitern der öffentlichen Familienausstellung in einem Jelmoli-Schaufenster trügt. Die seit Jahrzehnten immer wieder als bahnbrechend neue Idee aufgewärmte Schaufensteraktion ist schliesslich nicht wegen mangelnder Attraktivität abgebrochen worden. Im Gegenteil, auf Frank Baumanns PR-Aktion haben sich sämtliche Medien gestürzt, um sich daran satt sehen, satt schreiben oder satt entrüsten zu dürfen. Jedenfalls ist die Präsentation des elektrisierenden Familienalltags der Familie Biundo aus Wetzikon ein sicheres Zeichen für die Rehabilitierung einer klassischen Werbefläche.

Scheinbar ist im Gerangel zwischen elektronischen und Printmedien um Anteile am Werbekuchen das einfachste Werbemedium Schaufenster komplett vergessen gegangen. Welcher Werbespot oder welches Inserat hat auch nur halb so viel Aufmerksamkeit erregt wie der Zirkus Biundo? Natürlich hängt der Erfolg einer Schaufensterdekoration immer auch am ausgestellten Objekt, sonst müssten ja bereits jene Detailhandelsgeschäfte ungeheure Umsätze erzielen, welche an Weihnachten ihre Rollschinkli auf Schnee nachäffende Watte legen. Geradezu Magnetwirkung haben offenbar lebende Menschen hinter Glas.

Der gute alte Schaukasten konkurriert aber als Familien-Terrarium nicht nur die herkömmlichen Werbeträger, sondern besonders die Boulevardmedien. Ein Indiz dafür ist die kolportierte Intervention von Top-Boulevardier und Hingis-Aussteller Peter Rothenbühler. Der Chefredaktor der «Schweizer Illustrierten» soll aus lauter Fürsorge für die beiden Biundo-Kinder gegen die Baumann-Aktion gewesen sein und der Familie bei einem freiwilligen Auszug aus der Vitrine 5000 Franken geboten haben. Hinter diesem Angebot stecken wohlbegründete Befürchtungen von Prominentenwärter Rothenbühler. Denn wer will dessen winzige Partyfotos noch anschauen, wenn Schaufensterbesitzer plötzlich statt Schinkli die lebendige Stefanie Berger ausstellen? Die Leserschaft der «Schweizer Illustrierten» würde nun zum wortwörtlichen Boulevard konvertieren, um im Schaufenster zu begaffen, wie sich Stefanie mit ihrem Freund stündlich trennt und wieder versöhnt.

Unnötig anzumerken, dass sich auch für derartige Aktionen genügend Prominente finden lassen und dass dabei die Politiker die ersten sein werden. So regiert eine Woche lang die frischgewählte Stadträtin Monika Weber im Fenster des Migros-Marktes Witikon, und während des Abendverkaufs gratuliert Adolf Ogi in einer Drehvitrine von Adidas dem neuen Regionalmeister im Flohhüpfen.

Doch nicht nur das Massenpublikum, auch Kulturinteressierte kommen auf ihre Rechnung. Nächstens werden bei Orell Füssli die Auslagen neu hergerichtet, um die Fickbiographie von Niklaus Meienbergs Sexualchronistin Aline Graf im Schaufenster zu promoten. Dort stellt die Autorin zusammen mit wechselnden Feuilletonredaktoren die im Buch geschilderten Lieblingspositionen Meienbergs dar. Von 10 bis 13 Uhr von vorn, nachmittags von hinten.

(9. April 1998)

Im Frühjahr 1998 sollte eine Familie vorübergehend im Schaufenster eines Warenhauses wohnen. Die Aktion wurde nach wenigen Tagen vorzeitig abgebrochen.

Ein Haufen toller Höllenhunde

Die deutschen Synchrontitel fremdsprachiger Spielfilme führten jahrzehntelang die Charts meiner Lieblingsärgernisse an. Ich gebe zu, dies ist auch nicht die erste Kolumne, die diesem Ärger entspringt. Ob den schwachsinnigen Titelkreationen der deutschen Filmverleiher konnte ich mich in meinem jugendlichen Überschwang scheckig ärgern. Dies hat sich heute geändert – dank eines ausgereiften ästhetischen Empfindens, das sich harmonisch mit meiner Altersweisheit paart.

Zu gerne hätte ich vor wenigen Jahren noch einen dieser Dummbeutel kennengelernt, die aus Truffauts *Les 400 coups* den Schundromantitel *Sie küssten und sie schlugen ihn* gemacht hatten. Oder jene, die glaubten, den Plot eines meiner Lieblingsfilme wie *The Stunt Man* schon im Titel offenlegen zu müssen: *Der lange Tod des Stuntman Cameron*. Den Filmhändler, der *Ride a Crooked Trail* zum *Weissen Teufel von Arkansas* versimpelte, hätte ich mittels Daumenschrauben zwingen mögen zu gestehen, dass in der Filmstory nicht mal entfernt so ein Ding wie ein «weisser Teufel» auszumachen ist.

Ich bin in dieser Sache nicht einfach nur milder, sondern gar zum Konvertiten geworden. Mein Geschmacksempfinden hat sich derart radikal verändert, dass mir schon bald die deutschen Titel besser gefallen als das jeweilige Original. Ja, ich gehe so weit, den deutschen Filmverleihern Weitblick in Sachen Sprachästhetik zu attestieren. Denn die professionellen Eindeutscher haben jahrzehntelang zäh durchgehalten bis heute, wo man die Ästhetik der 60er Jahre wiederentdeckt. Nun profitieren sie davon, wie die 60er Kids, die damals weder Schlaghose noch Courrèges-Schuhe oder den breiten weissen Lackgürtel in die Altkleidersammlung geschmissen haben.

Was ich früher für eine Mogelpackung gehalten habe (aus Viscontis Konversationsfilm *Gruppo di famiglia in un interno* wurde *Gewalt und Leidenschaft*), betrachte ich heute als einen raffinierten Akt der Spannungsförderung. Aus dem staubtrockenen englischen *Airplane* machten die deutschen Titler *Die unglaubliche Reise in einem verrückten Flugzeug* – dies, um alle Liebhaber des depressiven Problemfilms fernzuhalten. Woody Allens *Take the Money and Run* heisst *Woody der Unglücksrabe* – Hauptsache lustig, ob nun Allen oder Woodpecker. Bei den Actionfilm-Titeln wird das eher derbe Wort gepflegt. Da wimmelt es von Hunden oder gar tollen Hunden, am besten aber tolle Höllenhunde, manchmal ein verdammter Haufen total verrückter toller Höllenhunde.

Die Anhänger des ernsthaften Genres werden im deutschsprachigen Raum mit einem speziellen Code angelockt. Hier feiern die Titel epische Breite oder schicksalsträchtige Tragik ab: *Accatone* = *Wer nie sein Brot mit Tränen ass*. Häufig wird auch – konsumentenfreundlich – der Kern des Problems oder mindestens der Ort der Handlung genannt: *Don't Look Now* = *Wenn die Gondeln Trauer tragen* (Aha, tödliches Venedig!); *Rebel without a Cause* = *Denn sie wissen nicht, was sie tun* (Aha, schuldlose Delinquenten); *Johnny Guitar* = *Wenn Frauen hassen* (Aha, rabiate Weiber).

Schade, dass diese Vertitelung – abgesehen von wenigen Ausnahmen – nie auf die Buchproduktion übergegriffen hat. Auch im Konkurrenzkampf der Religionen wären attraktive Titel eine fürchterliche Waffe. Ich denke dabei an eine zweiteilige Bibelausgabe für den deutschen Sprachraum: 1. *Das Testament des Dr. Mose*, 2. *Tote Götter leben noch*. Und das islamische Konkurrenzprodukt, der Koran, würde zum Verkaufsschlager unter dem Titel: *El Alamein – Kara ben Nemsi und ein Haufen toller Scheiche*.

(20. Juni 1996)

Die Satire lebt

Für einmal ein Beitrag in eigener Sache. Oder vielmehr in eigener Branche. Ich möchte auf einen Kabarettisten aufmerksam machen, dem bisher Salzburger Stier und Prix Walo versagt geblieben sind. Bei seinem Publikum beliebt, füllt er als Politsatiriker nicht nur Kellertheater, sondern grosse Säle, obwohl seine ätzende Gesellschaftskritik einiges an intellektuellem Durchblick erfordert. Unter dem Künstlernamen «Christoph Blocher» reisst er in der perfekten Maske eines demagogischen Nationalrats und Multimillionärs sein ergebenes Publikum zu Begeisterungsstürmen hin. Im Kostüm des Megaspiessers, grauer Anzug und Suva-Brille, parodiert er – mit grossem Können und gespenstisch realitätsnah – den borniertern Klischeeschweizer und dessen selbstzufriedenes Geschichtsverständnis.

Wie immer, wenn ein innovativer Künstler daherkommt, mit dem Mittel der Parodie Freund- und Feindbild durcheinanderbringt und damit noch bei einem breiten Publikum Erfolg hat, fällt er bei der professionellen Kritik durch. Schade, denn gerade in der behäbigen Schweizer Cabaretszene sorgt dieser «Blocher» sowohl für eine inhaltliche wie formale Aufmischung. In seinem jüngsten lampenfüllenden Programm «Die Schweiz und der Eizenstat-Bericht», welches der Tourneeveranstalter mit dem programmatischen Namen «Junge Zukunft Schweiz» vor allem für ein minderbemitteltes Rentnerpublikum organisiert, spielt er derart präzis den Ugly Swiss, dass selbst seine Berufskollegen Gänsehaut kriegen.

In der geschmacklich gehobenen Satire ist bekanntlich jenes berühmte Lachen das wertvollste, welches gar nicht erst hochkommt, sondern im Halse steckenbleibt. Die Kunstfigur «Blocher» beherrscht die unglaubliche Fertigkeit, einem ebendieses Lachen bereits an der Gürtellinie dingfest zu machen. Vor allem dann, wenn er den reaktionären Hobbyhistoriker persifliert, der Linksintellektuelle wie Adolf Muschg mittels selbst zusammengestoppelter Zitate als Nazikollaborateure hinstellt.

Spätestens hier werfen ihm einige Kritiker nicht zu Unrecht vor, seine «Blocher»-Figur zu überzeichnen, da kein noch so populistischer echter Politiker auf eine dermassen dumme Schlussfolgerung käme. Ein weiterer kleiner Wermutstropfen im ansonsten hervorragenden «Eizenstat»-Soloprogramm ist der noch aus überkommenen 68er-Zeiten stammende Antiamerikanismus. Hier ist «Blocher» leider noch in altlinken Agitprop-Denkschemen festgefahren.

Trotzdem ist er ein Lichtblick in der Schweizer Satireszene. Obschon er bereits mehrmals mit köstlichen Sketchen in der «Arena» aufgetreten ist, fehlt unseren TV-Bossen einmal mehr der Mut, einem Kabarettisten wie «Blocher», der die rechtsnationalen Hetzer schonungslos blossstellt, eine eigene Satiresendung zu geben. Dies dürfte bereits an der Unabhängigen Beschwerdeinstanz (UBI) scheitern, welche bekanntlich eine «sachgerechte Satire» fordert. So bleibt denn «Blocher» als Mahner all jenen erhalten, die sich während seinen Theaterdarbietungen schaudernd fragen, wie peinlich es für unser Land wäre, wenn ein derartig dumpfer Politiker tatsächlich existieren würde.

(26. Juni 1997)

Die Evitasierung Dianas

Zuweilen gelüstet es das Schicksal, seine eigene Soap Opera zu persiflieren. Nach dem Unfalltod von Prinzessin Diana und ihrem etwas weniger bedeutenden Freund Dodi wird ausgerechnet die möglicherweise mitschuldige Tabloidpresse auf Jahre hinaus von der Prinzessin profitieren. In ein paar Wochen wird der Zorn der Trauernden auf die Paparazzi wieder verflogen sein, und alle werden den Stoff der kleinen Bilderdealer wieder konsumieren. Bill Clinton, bei Todesfällen immer bemüht um die Sichtlichkeit seiner Trauer, wird nach der Würdigung von Dianas Kampf gegen Landminen ein Verbot dieser Waffen weiterhin unterlaufen. So dürfte nach einer Zeit der trauernden Einkehr und geheuchelten Empörung die Normalität wieder in den internationalen Boulevard zurückkehren.

Dieser allerdings wird durch eine weitere unendliche Geschichte bereichert sein. Das Dossier Di wird von den Blattmachern wie das James-Dean-Material jahrestagmässig und sommerlochhalber wiederaufbereitet. Diese unerschöpfliche Sissi-Quelle wird mit aktuellem Bildmaterial bereichert, denn Paparazzi werden nach einer gewissen Frist – nicht schambedingt, sondern aus Angst vor dem Lynchmob – Adoleszenzaufnahmen der Söhne William und Harry liefern.

Soviel zur Grundausstattung. Worin das Zubehör bestehen wird, zeigt sich bereits heute, wenige Tage nach dem Autounfall. Schon werden mehreren Geheimdiensten Mordkomplotte nachgesagt, dem britischen beispielsweise,

weil es die Windsors angeblich nicht ertragen konnten, dass der Thronfolger einen muslimischen Stiefvater bekommt. Gerüchte verbreiten sich, wonach am Steuer des Autos nicht der Fahrer, sondern Elvis gesessen habe, denn im Wrack seien Überreste eines gigantischen Peanut-Butter-Sandwiches sichergestellt worden.

In Kürze wird Oliver Stone sein neustes Filmprojekt vorstellen. Es wird aufzeigen, dass der Unfall in Wirklichkeit ein Attentat der tellerminenproduzierenden britischen Exkolonien China und Indien in Zusammenarbeit mit Camilla Parker-Bowles gewesen ist. Der Soundtrack des Filmmusicals werde von Andrew Lloyd Webber komponiert, und die Anwälte Madonnas hätten bereits den Anspruch der Popikone angemeldet, die Adelsikone zu spielen. Allfälligen Protesten in Grossbritannien gegen diese Besetzung durch eine ordinäre Amerikanerin und Evita-Darstellerin soll entgegengewirkt werden, indem die Rolle des untreuen Prinzen Charles an den Briten Hugh Grant vergeben wird. Dazu spielt Joan Collins die böse Camilla, obwohl die «Schweizer Illustrierte» beharrlich Gwendolyn Rich für diesen Part promotet.

Kurz vor Kolumnenschluss erreichte mich noch ein drängendes Kommuniqué von Reinhold Messner, der präzisieren lässt, er hätte vor wenigen Tagen im Himalaja nicht Yeti, sondern Dodi getroffen. Sein in wenigen Tagen fertiggestelltes Buch (47 fettgedruckte Seiten, 3 unscharfe Aufnahmen) könne am Büchertisch vor der Westminster Abbey im Anschluss an das Begräbnis vorbestellt werden.

(4. September 1997)

Kolumne des Herzens

Wenn die Kollegen von der seriösen Sparte während Tagen in Diana machen, wäre es ja gelacht, wenn ich nicht eine zweite Kolumne zum selbigen Thema gestrichen voll brächte. Um so mehr, als ich dazu noch Wesentliches zu sagen habe, obwohl mich keiner gefragt hat. Dabei gehöre ich doch auch zu dieser Grossen Koalition von Trauernden unterschiedlichster Herkunft, welche allesamt und nachhaltig berührt sind – sei es vom Tod einer Leidgeprüften, «einer starken Frau, die unser Jahrhundert prägte», vom Abschied als solchem oder von der Trauer der andern: Vreni Schneider («sehr berührt»), Adolf Ogi («ergreifend»), Andreas Gross («sozial- und friedenspolitisches Engagement war echt»), Stéphane Chapuisat («eine schlimme Nachricht»), Lilo Pulver («bin wahnsinnig traurig und verzweifelt») und viele Bekennende mehr.

Insbesondere das Engagement der Prinzessin für die Schwachen und Benachteiligten trug bekanntlich zu ihrer ungeheuren Popularität bei. Kein Wunder, erschienen beim Begräbnis so viele Anwälte der Geknechteten: Karl Lagerfeld, Tom Cruise, Henry Kissinger, die Versace-Geschwister und der Sänger Luciano Pavarotti, welcher nach eigener Aussage vor lauter Trauer zu schwach zum Singen war und «schwer gezeichnet» in der Westminster Abbey sass. Offenbar hat ihn die schwere Zeichnung erst ganz kurz vor der Beerdigung ereilt, denn am Vorabend sang er in Lausanne an einer IOC-Party noch gutgelaunt zwecks Unterstützung einer noblen Sache: Roms Olympiakandidatur.

So gab statt dessen Elton John sein Lied zum besten, welches von Diana als «England's Rose» und deren «wings of compassion» (Mitleidsflügel?) handelt. Dies mag die weltweite Trauergemeinde schliesslich an das berühmte Foto erinnert haben, das die Prinzessin mit einem todkranken Kind zeigt. Der einzige Schönheitsfehler: Es wurde leider anlässlich einer PR-Fotosession von einem Paparazzo geknipst. Genau vor dieser Sorte Mensch aber musste die geplagte Diana bekanntlich ständig fliehen, weshalb sie sich ferienhalber an garantiert paparazzifreie Orte wie den Yachthafen von St-Tropez begab, um dort mit dem Playboy und Millionenerben Dodi über die weltweite Armut und die Bekämpfung von Aids zu diskutieren. Von der Presse leider aufgespürt, musste sie sich noch weiter zurückziehen. Aber wie mittlerweile bekannt, wurde sie von den Fotografen selbst im abgeschiedenen Pariser Ritz, einer einfachen Volksherberge abseits der windsorhaften Glamourwelt, nicht in Ruhe gelassen.

Bevor jetzt jemand einen Leserbrief schreibt («ich bin auch für Satire, aber so nicht»), möchte ich klipp und klar festhalten, dass auch ich sehr berührt bin vom sozialen Engagement der verstorbenen Prinzessin des Volkes sowie des Herzens mit menschlichem Antlitz. Angesichts dieser mächtigen «Mitleidsflügel» habe ich zudem vollstes Verständnis dafür, dass sich der internationale Funeral Set nicht zur Beerdigung von «Calcutta's Rose» einfand, denn irgendwie passt Mutter Teresas Prêt-à-Porter-Stil nicht zu Karl Lagerfeld. *(11. September 1997)*

Lila Eigentum

Neben all dem Gerede und Geschreibe über die Krebsmaus ist die Milka-Kuh vorübergehend in Vergessenheit geraten – und prompt hat sie die Firma Suchard endgültig unter Vertrag genommen. D. h. nicht die Kuh an sich, nur die Farbe Lila für sich. Dieser besonders typische Farbton ist seit vergangenem November geschützt, indem das Eidgenössische Institut für geistiges Eigentum erstmals eine Farbe registriert hat. Das zuständige Bundesamt betonte, dass Farben normalerweise nicht geschützt werden könnten – auch keine geistigen. Das Markenschutzgesetz lasse aber Ausnahmen zu, z. B. wenn die Farbe «der Öffentlichkeit zur Veranschaulichung der Marke» dient. Womit zumindest klar ist, dass die zur Veranschaulichung ungeeigneten Farben nicht patentiert werden können.

Gemäss einer Umfrage der Firma Suchard hat die Mehrheit der Befragten Lila mit der Milka-Schokolade («lila Pause») in Verbindung gebracht. Dies ist zuerst einmal ein herber Schlag gegen die Frauenbewegung, die das aufgehellte Violett schon als ihre Markenfarbe betrachtete, lange bevor die «lila Pause» unser Braunvieh verschandelt hat. Noch sind allerdings Reaktionen auf die Patentierung ausgeblieben. Es bleibt abzuklären, wieweit lila Foulards, Snuglis und Latzhosen umgefärbt werden müssen und ob der Begriff «lila Menopause» weiter verwendet werden darf.

Ich befürchte, dass Suchard im Verbund mit den Schützern des geistigen Eigentums einen Stein losgetreten hat, der unsere bunte Welt noch erschlagen wird. Wenn nun jede Firma ihre Produktefarbe patentieren lässt, werden wir wieder beim Schwarz-weiss-Fernsehen enden, und dieses ist bekanntlich noch schlimmer als das farbige. Angenommen, eine Umfrage ergibt, dass die meisten Menschen die Farbe Braun mit Scheisse in Verbindung bringen. Dies könnte die Firma Hakle veranlassen, den Farbton aus Veranschaulichungsgründen für sich zu reklamieren, um ihn noch vor Jörg Haider patentieren zu lassen. (Letztere Bemerkung dient der Abfederung einer äusserst primitiven Fäkalpointe mit einer qualitativ hochstehenden Polit-Pointe. Anm. d. Autors.)

Zugegeben, es wäre eine noch schlimmere Variante möglich gewesen. Suchard hätte ebensogut die ganze Kuhrasse und das Wort «Pause» unter ihr Copyright nehmen können. Unsere eh schon gebeutelten Milchbauern müssten dann für jeden gemolkenen Liter Milch eine Direktzahlung an die Firma Suchard leisten – nicht auszudenken, wie viel die Schulbehörden für die Pausen®-Milch hinzublättern hätten. Bereits heute ächzt die Milkapastetli-Branche unter den exorbitanten Tantiemenforderungen des Schokoladeherstellers.

Damit nicht genug: Es werden Befürchtungen laut, die Suchard-Anwälte erarbeiteten bereits ein Patentgesuch für vollbärtige Techno-Greise mit schwerer Dialektbehinderung. Sollten sämtliche Opas dieses Typs unter das eingetragene Warenzeichen Cool-Man™© fallen, dürften Seniorenheime und womöglich die gesamte Altersversicherung wegen der Lizenzabgaben in grosse Finanznot geraten. Selbst ein Land wie Kuba wird – trotz ansehnlicher

Kakaoproduktion – mit Suchard in Konflikt geraten. Der Grund: Fidel Castro gleicht mit fortschreitendem Alter dem Milka-Öhi. Will der Kubaner nicht weitere kostbare Devisen für seine Vollbartrechte ausgeben, wird sich der Staatschef anpassen müssen: Entweder Glattrasur oder ab in die Werbewirtschaft: It's Cuba, man. *(19. Januar 1995)*

In und Out

Der ganze Stress begann, als ich in meinem Briefkasten jene aufgemotzte Einladung zu einer Flower-Power-Party fand. Es handelte sich um ein nostalgisches Kostümfest, an dem nur teilnehmen durfte, wer sich mit Batikhemd, Sandalen und Schlaghosen bekleidete. Zu glücklicherweise längst verklungenen Liedern von Janis Joplin und Donovan wurde man zu verkifften Gruppentänzen genötigt, und gemeinsam rief man die Dreieinigkeit von Ho Chi Minh, Timothy Leary und Jimi Hendrix an. Gut, dachte ich, ein einmaliger Ausrutscher, ein gequält origineller Einfall, nun lasst uns aber das Stirnband, die Räucherstäbchen und den indischen Schmuck in den Fundus legen und das Ganze schleunigst wieder vergessen.

Doch nichts da, alle empfanden Partys mit Motto fortan als grossartige Idee, die es schleunigst nachzuäffen galt. Bis zu jenem Zeitpunkt beschränkte sich meine Gastgebertätigkeit auf gelegentliche Abendessen, wie sie einem durchschnittlich geselligen Mitteleuropäer wohl anstehen. Innerhalb nur weniger Wochen aber gewann ich mit dieser Auffassung in meinem Bekanntenkreis das Image des biederen Langweilers. Knall auf Fall wurden meine Grill-Abende wegen ihrer dumpfen Gewöhnlichkeit berüchtigt und somit gemieden.

Gleichzeitig wurden alle historisch gesicherten Menschheitsepochen hinauf und hinuntergefestet: vom Fondue im Ritterhelm bis zur Römer-Orgie im Bierteig, die Partyphantasie kannte keine thematischen Grenzen mehr. Ich wurde eingeladen zu einem Surprise Dinner, zu dem die Gäste irgendwelche Lebensmittel mitbringen mussten, die schliesslich wahllos vermengt und zusammengekocht wurden. Kulinarisch scheusslich, aber in der Szene ein Riesenerfolg. Ich nahm teil an einem Unten-ohne-Zmorge mit Krawattenzwang, und weil das Mitnehmen von Kindern zu Partys plötzlich nicht mehr als trendy galt, erhielt ich eine Einladung zu einem Granny-Buffet: Eintritt nur mit eigener oder ausgeliehener Grossmutter.

Mein Problem mit der grassierenden Veranstaltungskreativität bestand nun aber nicht darin, dass ich etwa als Vegetarier mit den Orgien nicht ganz klargekommen wäre, auch nicht, weil ich ein Vermögen für Kostüme hätte ausgeben müssen oder nach der Teilnahme an einem Hostien-Brunch exkommuniziert worden wäre. Nein, ich machte mir Sorgen, weil mir selber keine gute Einladungsidee einfallen wollte. Das heisst, ich galt in meinem Bekanntenkreis als graue Maus, out und erledigt. Im verzweifelten Bemühen, meine Reputation als Gastgeber wiederaufzubauen, verfiel ich auf überspannte Ideen, die ich aber, zumeist aus Kostengründen, sogleich wieder verwarf: Sushi-Frühstück während eines Fallschirmabsprungs oder Ostereiersuchen auf Christmas Island.

Die immerwährende gegenseitige Befruchtung von Alt und Neu sowie die voll ins Hochgeistige ragende Erkenntnis, dass im Abgestandenen die wahre Innovation hockt, bildeten schliesslich die Grundlage für meine rettende Idee: Ich verschickte eine Einladung zu Pommes chips und Bier inklusive anschliessender Jassrunde! Die radikale und exklusive Banalität dieses trendwendenden Anlasses bewirkte schlagartig eine anhaltende Verbesserung meiner Stellung im Social Life. Meine neugewonnene Bedeutung als originellste graue Maus verbietet es mir jetzt, so was Kommunes wie eine Einladung mit Motto zu organisieren. *(4. Juli 1996)*

Swissprom

Nach der Eröffnung des «Planet Hollywood» an der Zürcher Bahnhofstrasse wird das hiesige Gastgewerbe nicht mehr sein wie zuvor. Die Spitzengastronomie, welche nur Tage zuvor den Koch des Jahres gekürt als auch die neusten Gault-Millau-Punkte vergeben hatte, musste sich von den schauspielernden Hobbybeizern Schwarzenegger, Stallone, Moore, Willis & Co. auf demütigende Weise demonstrieren lassen, dass für eine erfolgreiche Gaststätte nicht mehr gilt «Der Wirt kocht selbst», sondern «Der Wirt kommt selbst». Gewöhnliche Beizer schuften in der fettgeschwängerten Luft einer engen Küche, bis ihnen der Schweiss vom Kinn in die Kasserolle tropft, um sich danach die Reklamationen unflätiger Gäste anzuhören. Derweil stemmt der breit gestylte Arnold Schwarzenegger seine Muskelmasse über den roten Teppich vor seiner neuen Schenke, um die Huldigungen der draussen wartenden Kunden als auch jene von Stadträtin Kathrin Martelli entgegenzunehmen.

Noch schlimmer als die ansässigen Wirte, deren ölige Hände Frau Martelli niemals mit einem so backfischhaften Strahlen schütteln würde, traf es die Schweizer Binnenprominenz. Aufgeboten mittels einer pompösen Einladungskarte für das «Grand Opening», wurde sie der allzulange wartenden Menge als Amuse-bouche und Pausenfüller vorgeworfen, um dann beim eigentlichen Empfang als Zimmerschmuck und Terminatorhintergrund zu dienen. Dies ist ungerecht. Denn während Schwarzenegger nur kurz in die Schweiz jettet, um gross abzuräumen, verrichten die einheimischen Promis die tägliche Knochenarbeit: Vernissagen besuchen, Platten taufen, Premieren erdauern, um danach bescheuert aus einem briefmarkengrossen Foto der «Schweizer Illustrierten» herauszulächeln.

Kommt dann ein grosser Kollege aus Amerika, werden sie zur Seite geschoben und als Cervelat-Prominente verunglimpft, was vermutlich per Antirassismusgesetz einklagbar wäre, entweder durch die Prix-Walo-Organisatoren oder den Metzgermeisterverband. Nun haben sich endlich die Betroffenen in der Selbsthilfeorganisation Swissprom zusammengeschlossen. Als Mitglied aufgenommen wird, wer mindestens einmal durch das Stahlgewitter des «indiskreten Interviews» gegangen ist und auf die Frage nach der «grössten Schwäche» mit – jawohl – «Ungeduld» geantwortet oder in der «Glückspost» im Kochschürzchen «ganz privat» vor dem heimischen Herd den Deppen gemimt hat.

Erste Aktionen, welche die Reputation von Inlandstars wieder herstellen sollen, sind geplant. Gwendolyn Rich und Hausi Leutenegger werden vor dem Ringier-Hauptsitz einen Menschenteppich bilden, und Nella Martinetti wird ihren Freund eine ganze Woche lang nicht herzeigen. Zum endgültigen Schlag gegen die Hollywoodkonkurrenz werde ich zusammen mit Beni Thurnheer ausholen. Wir haben am Sunset Boulevard in Los Angeles eine alte Pizzabude gekauft. Diese werden wir mit den Requisiten der Sendung «Teleboy» dekorieren und eine globale Restaurantkette gründen. Name: Planet Leutschenbach.

(16. Oktober 1997)

Der neue Mann

Der neue Mann ist sensibel, kreativ, blitzgescheit und: wieder leicht gewalttätig. Er hat Prinzipien, trägt casual bis Anzug, liest Elfriede Jelinek, hält sich für schonungslos offen und, eben, langt auch wieder gerne mal kräftig zu. Er besitzt ein Faible für einfache Küche, schert sich einen Deut um Konventionen, kann bei Gelegenheit eine ungemein witzige Filmkritik schreiben und hält sich für eindeutig intelligenter als Christian Slater. Dennoch, wenn's ihm reicht, dann findet er auch ein paar gezielte Schläge angebracht. Nicht, dass er, der neue Mann, dies etwa gerne täte. Er ist keineswegs ein Gewaltverherrlicher, im Gegenteil, manchmal ist er nach einem Faustschlag ins Gesicht eines andern so richtig schockiert und irgendwie halt auch traurig. Wegen der Unvermeidlichkeit der Gewalt, und weil einem manchmal gar keine Wahl bleibt.

Vor dem Balkankrieg war alles noch anders. Der 80er Mann gab sich zwar gerne als maskuliner Fundamentalist, hätte sich aber nie getraut zu halten, was sein Dreitagebart versprach. Die männliche Gewalttätigkeit beschränkte sich eher auf die Wahl des citrushaltigen Eau de Toilette – nebenbei: ein Begriff, den der heutige Skinscent-Splasher angeekelt ablehnt. Bis hart an die Schwelle der 90er rettete sich der Anti-Aggressions-Trend und der weibische Friedfertigkeitsimperativ. Und dann kam Radovan Karadjic.

Seither trinkt der neue Mann gerne ab und zu ein Glas Islay Single Malt mit dem rauhen Torf-Aroma, macht Ferien im Massif Central, kauft the very best of Chris Isaak und klebt hin und wieder seiner Frau eine. Dies bringt ihn zwar regelmässig echt durcheinander, denn leicht nimmt er sowas nicht. Andererseits weiss er jetzt, dass Gewalt auch Probleme lösen kann. Voraussetzung ist: man steht dazu. Unentschlossenheit ist passé.

Der neue Mann trägt seine teuren Survival-Accessoires mit feiner Ironie, weiss, wann ihm ein Müesli gut tut, aber auch bei welcher Gelegenheit ein Steak angesagt ist – à point. Zudem mag er ganz gerne etwas Religiosität, sympathisiert gar kokett mit dem Opus Dei und lässt den Dalai Lama einen guten Mann sein. Kommt ihm wer zu nahe, erschreckt ihn seine eigene gestreckte Gerade – empfindsam, wie er nun mal ist.

Keine Missverständnisse bitte! Das aktuelle Männerbild bedeutet keinen Rückschritt in die patriarchalisch-kriegerische Vergangenheit, keine Wiedergeburt des primitiven Machos, denn der neue Mann ist gerne sanftmütig und liebt seine unabhängige Frau. Er arbeitet nach wie vor im Haushalt mit, kauft ein, schmückt sich mit Ohrringen, sortiert die Abfälle, fährt Velo und hütet die Kinder. Auch wenn er denen von Zeit zu Zeit ein paar kräftige Ohrfeigen verpasst. Spätere Reue, inklusive Scham, nicht ausgeschlossen.

Der neue Mann ist sich bewusst, dass der Gebrauch einer Waffe nicht notwendigerweise etwas Ungerechtes oder Kriminelles sein muss. Deshalb kann eine heisse Beretta im Handschuhfach oder eine Design-Stahlrute unterm Sattel des bulligen City-Bikes in nächster Zukunft ein durchaus beliebtes und gefragtes Männerspielzeug werden. Der Trend zum wehrhaften, jedoch keineswegs stupiden Kerl, der zwar vor einem Gewaltakt ganz schön zaudern, schliesslich aber feste zuschlagen kann, ist unverkennbar.

Natürlich steht es Ihnen allen frei, den von mir ausgemachten Trend zu leugnen. Den einen oder andern Einwand vermag ich mit meiner sanften Verletzlichkeit auch zu akzeptieren. Und sonst begegne ich Ihnen sicher mal nachts in einer dunklen Gasse. *(27. Juni 1996)*

INNERES & ÄUSSERES

Staatstragik

Inmitten der Festivitäten zum 150jährigen Bestehen des Bundesstaates, nebst allem Jubel über die «Erfolgsstory Schweiz», dürfen auch jene nicht vergessen gehen, die sich auf diesem dornenreichen Weg bis zur Erschöpfung verausgabt haben und deshalb nun unsere Zuwendung und unser Mitgefühl brauchen: die Freisinnigen. Die einst stolze liberale Gründerpartei, unbestrittene Nummer eins im Bürgerblock und jahrzehntelange Lenkerin unseres Staatswesens, wird heute von der SVP überrollt, vorgeführt und aufs Altenteil gesetzt. Nicht einmal mehr die berüchtigte Zürcher Kantonalpartei, welche bis vor wenigen Jahren mit dem Begriff «Zürcher Freisinn» die Restnation zum Kuschen bringen konnte, vermag noch einen politischen Gegner zu erschrecken. Wer heute eine Jungpartei erziehen will, droht effizienter mit der gfürchigen Zürcher SVP.

Zugegeben, am «Formtief der FDP» («Weltwoche») ist die Partei weitgehend selber schuld. Unter dem qualvollsuchenden Titel «Wer sind wir?» propagiert sie auf ihrer Internetseite «ganzheitliches Denken» als eines ihrer Prinzipien. Jedoch: eine politische Gruppierung, welche sich als «staatstragende Partei» bezeichnet und gleichzeitig während Jahren «weniger Staat» fordert, denkt eben doch nicht so ganz ganzheitlich. Denn bei einem fortgesetzten Abbau des Staates gibt es für eine staatstragende Partei schliesslich nichts mehr zu tragen. Längst hat in unserem Staat beispielsweise die SP mehr an Träge gewonnen – in ihrer

Reaktion zum Rücktritt Jean-Noël Reys sogar an Tragik. Und die SVP hat das bemerkenswerte Kunststück geschafft, sowohl Trägerin wie Last zu sein, während die CVP auf der Tragbahre liegt.

Unser Sozialstaat lässt es nicht zu, die Freisinnigen aufgrund ihres eigenen Verschuldens einfach so hängen zu lassen. Selbst wenn es sich um die Partei der Selbstverantwortung und des Sozialabbaus handelt, müssen ihre langjährigen Regierungspartner nun etwas konkordanzheitlich denken und der gestrauchelten FDP unter die Arme greifen. Abgewählten freisinnigen Volksvertretern soll mit der neugeschaffenen Mandatlosenversicherung unbürokratisch und karenzzeitlos geholfen werden. Leider hat bereits ein unschönes Hickhack eingesetzt, weil die SP die Sozialhilfe für die FDP als klar bürgerliche Angelegenheit bezeichnet. Die Sozialdemokraten müssen sich jedoch vorwerfen lassen, sie hätten sich jahrelang an ihrem freisinnigen Lieblingsgegner gesund gestossen und wendeten ihre ganze hingebungsvolle Feindschaft nur noch dem neuen bürgerliche Alpha-Tier SVP zu.

Diese hingegen überlässt der FDP als Zeichen bürgerlicher Brüderlichkeit einige ihrer kantonalbernischen Exponenten – zuallererst Ulrich Zimmerli, der von Ulrich Giezendanner persönlich nach Altdorf transportiert wird, wo er ihn vor dem Haus Franz Steineggers als Mahnmal aufstellen wird. Gleichzeitig versuchen im Rahmen der 150-Jahr-Feiern Parteiarchäologen in der FDP minimale Restbestände an aufklärerischer Liberalität zu orten und sie in einer klimatisierten Vitrine des Landesmuseums zu konservieren. *(19. März 1998)*

Spargel der Vergeltung

Wiederholt habe ich das Formtief und die Führungskrise der Freisinnigen innerhalb des Bürgerblocks aufs bitterlichste bedauert. Schön, dass die Partei mittlerweile gelernt hat und sofort in die Offensive gegangen ist. Weil die Finanzchefs einiger US-Staaten gegen die Schweizer Banken immer wieder mit Boykottmassnahmen drohen, schlägt die FDP einen allfälligen Gegenboykott vor. Ihr Ständerat Dick Marty empfiehlt, die Vergabe von Natelnetzkonzessionen an US-Firmen zu verschieben, und auch im Rüstungssektor wurden in der Vergangenheit immer wieder Boykottmöglichkeiten erwogen. Den wohl schwerwiegendsten Schlag gegen die US-Wirtschaft schlägt das halboffizielle freisinnige Parteiorgan «Neue Zürcher Zeitung» vor: Boykott von kalifornischen Grünspargeln.

Ganz abgesehen davon, dass der «Osservatore Romano» des freien Marktes überhaupt einen Handelskrieg vorschlägt, erstaunt auf den ersten Blick das zu boykottierende Produkt Spargel. Viele mögen im entsprechenden «NZZ»-Kommentar von den vorgeschlagenen «grenzsanitarischen Massnahmen» gelesen, das Ganze aber eher für eine «grenzsatirische» Drohung gehalten haben. Doch einmal mehr muss der «NZZ» neidlos fachliche Profundität attestiert werden. Nicht nur sind Migros und Coop die zweitgrössten Abnehmer des kalifornischen Stangengemüses, auch symbolisiert der Spargel in seiner ganzen Erektion das heutige Clinton-Amerika am treffendsten. Die Damen Jones, Lewinsky und Willey können heute noch keinen

einzigen Grünspargel essen, ohne an den vieldiskutierten First Asparagus des Präsidenten erinnert zu werden.

Nur der traditionell vornehmen Zurückhaltung der «NZZ» ist es zuzuschreiben, dass der starke symbolische Aspekt eines Spargelkrieges mit den USA nicht deutlicher in den Vordergrund gerückt worden ist. Selbstverständlich soll diese direkt in die Weichteile der amerikanischen Regierung zielende Aktion durch weitere Boykottmassnahmen flankiert werden. Schweizerinnen und Schweizer sind aufgerufen, keine Microsoft- oder Apple-Produkte mehr zu verwenden und ihre Büroarbeiten wieder mit der altbewährten Hermes-Schreibmaschine und dem Rechenschieber zu erledigen. Statt Bruce Springsteen hören wir Bo Katzmann, statt an *Titanic* amüsieren wir uns an einheimischen Experimentalfilmen, tragen Calida statt Wonderbra, trinken Rhäzünser statt Coke, würzen mit Aromat statt mit Ketchup. Ausserdem wird Martina Hingis keine amerikanischen Trophäen mehr akzeptieren.

Im Gegenzug lassen wir den amerikanischen Swiss-Army-Knives-Markt austrocknen, nehmen Ed Fagan die Meilis wieder weg und verweigern den Amis zu ihrem Grünspargelberg jede Tube Thomy-Mayonnaise. Auf politischer Ebene sucht die Schweiz den Schulterschluss mit Kuba, deren von den USA boykottierte Zigarren nun als «Rauch-Spargeln der Vuelta Abajo» gelten. Sobald wir damit die USA in die Knie gezwungen haben, kümmern wir uns um die europäischen Feinde der Schwerverkehrsabgabe. Das heisst, wir knöpfen uns mit einem gemeinen Haribo- und Tchibo-Boykott den deutschen Verkehrsminister Wissmann vor. *(26. März 1998)*

Das Wellenberg-Atoll

Es bleibt einfach ein Gefühl der Ungerechtigkeit zurück. Da benötigt eine kleine Nidwaldner Gemeinde mit Namen Wolfenschiessen dringend atomaren Müll, um ihn zu lukrativen Bedingungen in ihrem Wellenberg unter die Erde zu bringen. Wer möchte ihr das missgönnen? Wir wissen es seit dem letzten Wochenende: die Bevölkerung des Kantons Nidwalden und die mobilisierten Atomgegner. Nur die Kantonsregierung hatte Gespür für die Nöte der Wolfenschiessener sowie natürlich die Nagra, welche kavernenweise strahlenden Abfall nicht nur gratis gespendet, sondern sogar noch ein Bhaltis von 3,5 Millionen Franken jährlich dazugelegt hätte. Fazit: Die einen haben zuviel, die andern zuwenig, und ein Ausgleich ist nicht möglich.

Der Wolfenschiessener Gemeindepräsident betonte nach der verlorenen Abstimmung, dass es seinem Dorf nicht einfach um den finanziellen Nagra-Zustupf gegangen sei, sondern auch um einen selbstlosen Beitrag zur Lösung der nationalen Atommüllfrage. Und ausserdem sei mit dieser Abstimmung der letzte Kern noch nicht gespalten, die Gemeinde werde sich nach wie vor für einen Sondierstollen einsetzen.

Ich bin sicher nicht allein mit meiner Ansicht, dass eine derartig standhafte Gemeindebehörde honoriert werden müsste. Eine Lösung zeichnet sich im Lande der Force de frappe ab. Bekanntlich will Frankreich unter der Führung ihres neugewählten obersten Atombombenlegers Jacques

Chirac das ganze nukleare Zeug nicht einfach nur vergraben, sondern damit etwas Sinnvolles anfangen, genauer: militärisch-wissenschaftliche Experimente durchführen. So sprengt in nächster Zeit der Franzmann auf der fernen polynesischen Erdkruste wieder, was die ozeanische Platte hält.

Am selben Wochenende, an dem die Nidwaldner der Nagra eine Abfuhr erteilten, demonstrierten die Antipoden gegen den französischen Atomkolonialismus. Die Tagesschau zeigte Manifestanten auf der Cook-Insel Rarotonga, welche ein Transparent mit der Aufschrift trugen: «Warum gerade bei uns?» Die Wolfenschiessener fragen sich: «Warum gerade bei uns nicht?» Und die Leserinnen und Leser fragen sich jetzt: «Was hat das alles miteinander zu tun?» Folgendes: Was den einen ihr Wellenberg, ist den andern ihr Mururoa-Atoll.

Das heisst, es drängen sich zwei Lösungsmöglichkeiten auf. Erstens: Die Atomlagerbefürworter unter den Wolfenschiessenern lassen sich dafür gewinnen, mitsamt ihrem Strahlenmüll nach Französisch-Polynesien auszuwandern. Die Nagra fördert dies mit ein paar Überzeugungsmillionen und stellt zudem die für Mann und Müll notwendigen Kastorbehälter zur Verfügung. Je nach Budget lässt sich womöglich auch der Wellenberg dorthin verfrachten, damit die Emigranten vor lauter Korallenriffen kein Heimweh kriegen. Im Gegenzug bietet man den atomgegnerischen Inselbewohnern aus dem Südpazifik die Niederlassung im Kanton Nidwalden an, denn kernpolitisch würden sie gut in die Kernschweiz passen.

Die zweite und bessere Möglichkeit: ein Angebot ans Pariser Elysée, die doch so ungefährlichen Atomwaffenversuche im so sicheren Wellenberg durchzuführen. Sprengmeister Chirac dürfte diesem Antrag positiv gegenüberstehen in einer Zeit, wo Australier französischen Roquefort aus Protest den Känguruhs verfüttern und Neuseelands Schafherden geplünderten Dom Pérignon saufen. Anzunehmen ist auch, dass ein finanzielles Schmiermittel der Grande Nation für mehr reicht als nur zur Korrumpierung einer kleinen Gemeinde.

Angenommen, die Franzosen schieben für Atomtests im Wellenberg ein paar ganz grosse Noten rüber, wären alle glücklich. Die Polynesier, die Wolfenschiessener, die Nagra und nicht zuletzt diejenigen Politiker, welche schon immer nach einer sinnigen Art gesucht haben, den 200. Jahrestag der von Frankreich importierten Helvetischen Republik zu feiern. *(29. Juni 1995)*

Am 25. Juni 1995 lehnte die Nidwaldner Bevölkerung ein Atommüllager im Wellenberg ab. Gleichzeitig führte Frankreich auf Mururoa Atombombenversuche durch.

Zurück zu den Wurzeln!

Dem engagierten Satiremacher ist es vornehmste Pflicht und Mission, stets die Bedrängten und Geschlagenen gegen die Sieger und Herrschenden in Schutz zu nehmen und sie kompromisslos mit spitzem Keyboard zu verteidigen. Seit vergangenem Wochenende gebietet mir deshalb mein kolumnistisches Gewissen, die Arroganz und Kaltschnäuzigkeit der Abstimmungssieger gegenüber der unterlegenen SVP schonungslos zu brandmarken. In den Fragen Asylinitiative und Arbeitsgesetz geschlagen, im Kanton Zürich in Sachen staatlicher Heroinabgabe und Wirtepatent gedemütigt, aus welschen Parlamenten getilgt, von Bodenmann angefaucht, von den Freisinnigen angeschmiert und der CVP angekratzt, hat diese verschupfte Ein-Bundesrats-Partei vorläufig nur noch eine kleine Lobby. Diese besteht vorwiegend aus Kabarettisten, die von dieser Partei leben, und zirka zwei Multimillionären, von der wiederum sie lebt.

Schon die Ausgangslage vor der Abstimmung über die Asylinitiative war unfair. Auf der einen Seite die geballte Kampfkraft eines Arnold Koller, die Polemiken von links bis Mitte, die fremdenfreundlichen Kampagnen der Hilfswerke und Kirchen – auf der andern Seite die Volkspartei und ihr unglücklicherweise etwas dümmlich geratener Initiativtext, dessen Bestimmungen mit den internationalen Menschenrechten in Konflikt geraten wären. Gerade jene linken Pädagogen, welche sonst von der Förderung Unbedarfter nicht genug kriegen können, haben im Fall

SVP versagt. Stossend war besonders die Tatsache, dass alle gegen einen einzelnen hilflosen Kleinen angetreten waren. Christoph Blocher beklagte dies am Abstimmungsabend zu Recht, während es Ueli Maurer allein durch seine Erscheinung ausstrahlte.

Was war geschehen? Weshalb verliert diese Partei, deren Exponenten doch regelmässig zum Volk unter die Bettdecke kriechen, nun plötzlich bei Volksbefragungen? Vermutlich weil die SVP in ihrer Kampagne zu intellektuell argumentiert und so ihren radikalen Populismus früherer Jahre verleugnet. Offenbar weich geworden durch die Humanitätsduselei des politischen Gegners überlässt die SVP die deftigen Parolen aus der untersten Schublade zunehmend den Faktoten zur Rechten. Inserate, die zeigen, wie ein Schweizer einen Ausländer per Fusstritt zum Land rauskickt, hätte die SVP früher selber publiziert. Heute traut sich das nur noch der FPS-Dreher. Das Resultat: Stimmenverluste für die SVP.

Noch ist nicht alles verloren. Notwendig sind eine Rückbesinnung auf schmissige Kampfmittel und der schöpferische Umgang mit Fakten. Gemäss Definition verlangt der Populismus eine Dramatisierung der politischen Lage, um dann die Gunst der Massen zu gewinnen. Hierbei sollte sich die SVP diejenigen zum Vorbild nehmen, welche sich im Erobern der Massengunst auskennen. Fernsehsender und Boulevardpresse arbeiten nämlich zwecks Erreichen hoher Gunstquoten mit den populärsten Reizthemen: Verbrechen, Tiere, Sex. Dies ist der Stoff, aus dem die künftigen Siege sind. Deshalb lautet der zwar sinnlose, aber stimmenbringende Parolenmix zu den aktuellsten Fragen etwa so: Drogensüchtige EU-Vögte wollen unsere fleissigen Kühe schlachten, damit faule islamische Asylanten mit unsern Steuergeldern ihre heimatmüden Friedhöfe auf den Alpweiden errichten, während die linksgrüne Classe politique auf dem verstaatlichten Buckel des Schweizervolkes unsere sauberen Treicheln vergewaltigt. *(5. Dezember 1996)*

Alles im Wallis

So nicht, Walliser! So benimmt man sich einfach nicht. Meistertitel, Cupsieg, Olympiade – diese penetrante Zusammenrafferei schickt sich für einen ehemaligen zugewandten Ort der Eidgenossenschaft einfach nicht und ist zudem im höchsten Mass unsolidarisch. An die Abräumerei in Sachen Skifahren hat man sich ja zu Zurbriggens Zeiten noch gewöhnen können, weil wirklich niemand anders die hässlichen Pokale endlagern wollte. Aber Fussball ist Fussball, und hier versteht die Restschweiz keinen Spass, um so weniger als Ihr uns mit Stephan Lehmann einen der besten Ostschweizer Keeper genommen und uns gleichzeitig mit Mutter und Tochter Hingis allein gelassen habt.

Ist das nun der Dank dafür, dass wir Euch jahrelang per staatlicher Protektion den Fendant bis zum letzten überproduzierten Tropfen weggelötet haben? Essen wir Ausserwalliser nicht Jahr für Jahr brav Eure Aprikosen und Tomaten, auf dass Ihr sie nicht wie einst zornig in die Rhone schmeissen müsst? Haben wir nicht (vergebens) Joghurtdeckeli gesammelt, damit die Aluminiumproduktion Euer schönes Tal nicht weiter verpestet? Müssen wir uns nicht alle im Ausland mit Eurem erigierten Steinhaufen namens Matterhorn identifizieren?

Dabei waren die übrigen Schweizerinnen und Schweizer doch stets nachsichtig mit Euch. Eure Repräsentanten wie Sepp Blatter in Zürich, Pascal Couchepin in Bern und Art Furrer in der «Schweizer Illustrierten» haben wir seit

Jahren ohne Murren akzeptiert. Es sei Euch verziehen, dass Ihr trotz neurotischer Fixiertheit auf den angestammten CVP-Filz, den unterhaltsamsten Nationalrat Peter Bodenmann wieder zu Euch ins Tal zurückgepfiffen habt, um ihn dort in der Kantonsregierung weichzukochen. Selbst die extremsten Marotten dürft Ihr ohne Widerspruch ausleben: WWF-Mitglieder zu gefährdeten Arten machen, Kühe gegeneinander aufhetzen, statt sie zu melken, sowie Penaltyschiessen gegen Wölfe und Luchse.

Und jetzt diese sportliche Demütigung aller Nichtwalliser. Es widerspricht eklatant dem freundeidgenössischen Gemeinschaftsprinzip, wenn Ihr, Walliser, Euch in Euren sportlichen Erfolgen suhlt, mit Autohupen und rotweissem Merchandising Eure Eigenart pflegt, während die übrigen Kantone sich mit Altlasten abplagen: Zürich mit Klärschlamm und Flughafenimmissionen, Bern mit dem Drogenstrich ums Bundeshaus, das Tessin mit der Gotthardachse und illegalen Flüchtlingen, der Aargau mit Giftmülldeponien und Maximilian Reimann.

Diese Zeilen sind nicht nur als Klage, sondern auch als Warnung gedacht. Denn solltet Ihr beispielsweise jetzt auch noch die Whitbread-Segelregatta auf dem Mattmarkstausee oder gar den Murtenlauf zwischen Brig und Visp veranstalten, ist das Fass voll, läuft über und es schlägt ihm dazu noch den Boden raus. Die Rache der Restschweiz dürfte dann ziemlich grausam ausfallen. Entweder wird der Kanton aufgelöst und als Untertanengebiet aufgeteilt. Oder Walter Frey kauft den FC Sitten und macht daraus die Sion Lions. *(12. Juni 1997)*

Windiger 1. August

Erfreulicherweise stehen die 1.-August-Feiern höher im Kurs als auch schon. Selbst kritische und grundsätzlich jedem Nationalismus abholde Bürgerinnen und Bürger besuchen die Veranstaltungen zum Schweizer Geburtstag wieder in Massen. Gemäss Umfragen hat die Bundesfeier gegenüber dem amerikanischen 4th of July und dem französischen Quatorze juillet kräftig Marktanteile zurückgewonnen. Der entscheidende Grund dafür liegt in der konsequenten Modernisierung der Rituale und der Erschliessung neuer Besuchersegmente: Es werden vermehrt Weihnachtslieder gesungen, der Hosenträgerzwang ist aufgehoben, am Feuer können Würste gegrillt werden, Ausländer werden nicht mehr verjagt, sondern dürfen – im Geiste der Integration – am Vortag das Brandmaterial aufschichten.

Natürlich verlangen die vielfältigen Neuerungen einen grösseren Organisationsaufwand – vor allem, wenn es darum geht, alle Bevölkerungsgruppen und Minderheitenbedürfnisse zu berücksichtigen. Die Erneuerer der Bundesfeiern sind sich bewusst, dass sie vor allem Teilnehmer aus dem linken Lager dazugewinnen müssen, ohne die traditionellen Rechten zu verprellen. Dieses Problem wird von Gemeinde zu Gemeinde verschieden gehandhabt: Um Auseinandersetzungen zu vermeiden, werden wie in den Fussballstadien eine rechte Südkurve und eine linke Nordkurve eingerichtet. Die Stehordnung bestimmt eine filippoleuteneggerähnliche Person.

Die grösste Herausforderung besteht jedoch in der ökologisch korrekten Umgestaltung der Feiern. Vor allem die Tourismusindustrie wirft den zeuselnden Patrioten vor, die zahlreichen Feuer würden die Luft noch mehr verschmutzen und trügen zur Klimaerwärmung und somit zum Schmelzen von heimatgeschützten Berggipfeln und Sommerskipisten bei. Pläne, die Freudenfeuer mit mobilen Rauchgasreinigungsanlagen zu überdachen, sie innerhalb von nutzbaren Heizkesseln zu entfachen oder künstliche Flammen mittels Karbidlampen und Farbfolien zu erzeugen, wurden aus Ambiancegründen verworfen.

Eine wenigstens halbwegs vertretbare Lösung schien die Stadt Zürich gefunden zu haben. Alle städtischen Höhenfeuer werden direkt vom Publikum mit gebührenfreien Abfallsäcken gespiesen. Nachteil: Der jetzt schon grosse SVP-Anteil unter den Festteilnehmern dürfte auf unerträglich hohe Albisgüetliwerte ansteigen, was wiederum die umworbenen fortschrittlichen Besucher abschreckt. Kopfzerbrechen bereitet zudem vielen 1.-August-Organisatoren die Entzündung von Höhenfeuern für Nichtraucher.

Auch auf dem Gebiet der Feuerwerksartikel zeichnet sich eine Trendwende ab. Statt ohrenbetäubende chinesische Billig-Schwärmer zu verpulvern, verwenden immer mehr Schweizer einheimische Produkte, die unseren Lärmbestimmungen entsprechen, mit Schalldämpfern ausgerüstet oder gar völlig lautlos sind. Nachdem der «Kassensturz» mittels ausgiebigen Produktetests aufgedeckt hat, dass sogenannte Damenfürze kein Quentchen weiblicher Darmwinde enthalten, ist der Damenfurzmarkt völlig eingebrochen. Neues Vertrauen in dieses traditionelle Produkt wird nun mit einem geschützten Label geschaffen. Dieses garantiert, dass der Artikel von freilebenden Damen hergestellt wird. In Zukunft dürften also die einzigen künstlichen Winde diejenigen sein, die 1.-August-Redner fahren lassen. *(1. August 1996)*

Stifte im Bundeshaus

In der Hauptstadt Bern hängen die Plakate schon seit mehreren Wochen: «Sessionsbeginn – Autofahrer Achtung: Neuparlamentarier unterwegs.» Mit dieser Präventivaktion, initiiert von der Berner Stadtpolizei in Zusammenarbeit mit der Bundeskanzlei, will man sicherstellen, dass die vielfach stadtfremden und vor der ersten Session häufig nervösen neuen Mitglieder der Bundesversammlung sicher ins Bundeshaus gelangen. Für gewöhnlich zum erstenmal ohne Wahlhelfer oder Kantonalparteipräsident unterwegs und nur erkennbar an der neuerworbenen dunklen Kleidung oder dem Akten-Case (sehr selten noch Tornister), sind sie auch auf die Hilfe der Passanten angewiesen. Parlamentsinsider berichten, wie Neulinge versehentlich ins Berner Rathaus gerieten und erst nach Stunden realisierten, dass sich die hitzige Debatte, an der sie engagiert teilgenommen hatten, nicht um das eidgenössische, sondern um das stadtbernische Finanzloch drehte.

Um derartige Pannen künftig zu vermeiden, werden die volksvertretenden Neulinge von Sozialarbeitern des parlamentarischen Beratungsdienstes, hinter dem sich die Stiftung Pro Parlamente Sana verbirgt, bereits am Berner Hauptbahnhof abgeholt und in der Wandelhalle dem jeweiligen Fraktionschef in Obhut gegeben. Die psychologische Betreuung ist selbstverständlich kostenlos und überparteilich organisiert. Denn nicht selten leiden zum Beispiel bürgerliche Frischlinge unter einem sogenannten prädeputalen Schock, hervorgerufen durch die erste persönliche Begegnung mit dem leibhaftigen Jean Ziegler.

Ein heikler Moment für die Neuen ist sodann die Zuteilung der Sitzplätze. Da ist unter den neugewählten Sozialdemokraten manchmal die Enttäuschung gross, wenn sie erfahren, dass nicht alle neben dem grand old Hubacher sitzen dürfen. Überhaupt lernen sie sehr schnell die komplizierten Machtverhältnisse, Lobbyeinflüsse und Hackordnungen kennen. Die vornehmste Aufgabe der Lehrlinge während der ersten Session wird es dann sein, ihren Vorderbänklern den Kaffee zu holen und die Werkstatt auszufegen – will sagen: das Pult aufzuräumen. Eine Ausnahme bildet lediglich die SVP. Hier übernehmen diese Aufgaben grundsätzlich die Frauen.

Selbstverständlich können die Neuen noch nicht mit attraktiven Posten wie dem Kommissionspräsidium und dergleichen rechnen. Zu besetzen gibt es aber zahlreiche inoffizielle Ämter. Noch ist zum Beispiel unklar, wer nach dem Rücktritt von Pfarrer Sieber das Amt des Ratsrequisiteurs übernehmen wird. Auch die Besetzung des weihnächtlichen Krippenspiels ist noch weitgehend offen. Einzig Toni Brunner ist für die Rolle des Jesuskindleins unbestritten, aber eine theatererfahrene Maria und ein wortmächtiger Josef werden nach wie vor gesucht. In dieser Hinsicht ist die Nichtwahl von Annet Gosztonyi und Anton Schaller echt zu bedauern.

Für die Stifte gilt der Grundsatz, vom ersten Tag an ein gutes Personengedächtnis und ein Gespür für die Funktion der vielen Bundeshausmitarbeiter zu entwickeln. Den Hauswart des Westflügels einmal versehentlich für einen

Bundesrat zu halten ist als eher kleiner Fauxpas noch zu verzeihen. Die umgekehrte Verwechslung dürfte hingegen der eigenen Karriere kaum förderlich sein. Auch die Uniformen von Bundesweibel und Generalstabschef sollte man auf Anhieb auseinanderhalten können. Anderseits vermögen gezielte Verwechslungen gewissen Alpha-Politikern durchaus zu schmeicheln: Ernst Mühlemann darf folglich als Herr Bodenseeminister, Flavio Cotti als Herr OSZE-Hauptgeneralsekretär und Werner Vetterli als Herr Ober angesprochen werden. *(7. Dezember 1995)*

Volksgeschichte

Die spanischen Eroberer brachten die Tomate und die Kartoffel nach Europa, Karl der Kühne verlor bei Nancy das Blut, Winkelried beging bei Sempach Harakiri bzw. Mikado. Auf meine Geschichtskenntnisse, die mir während der 60er Jahre durch die schweizerische Volksschule vermittelt wurden, lasse ich nichts kommen. Noch heute kann ich blind und taub die Jahresdaten verschiedenster Kriege und Epochen rezitieren, und wenn ich bei Laune bin, bleibt kein Kontinent und keine Südfrucht ohne Entdecker.

Jetzt soll das alles plötzlich vergebens gewesen sein und umsverrecken neu bewertet werden. Gelten denn SJW-Hefte und Pestalozzikalender nichts mehr? Die Debatte um Schuld oder Unschuld der Schweiz während des Zweiten Weltkriegs zeigt, dass linke Geschichtsschreiber nicht nur Réduit und Grenzwacht niedermachen, sie vermiesen uns zudem seit Jahren jede historische Feier. In unrühmlicher Erinnerung bleibt, wie sie im Vorfeld und während der CH 91 die Dreieinigkeit von Stauffacher, Fürst und Melchthal leugneten, die Diamantfeiern ankratzten und im nachhinein die Wehrkraft der Aktivdienstgeneration zersetzten. Sie bestreiten die reale Existenz von Wilhelm Tell, obwohl sich jeder Volksschüler während des Aktivschuldienstes von der Wirklichkeit der Tellsplatte überzeugen kann.

Nun, an der betrüblichen Tatsache, dass die meisten der heutigen Historiker dem Pflasterstein näherstehen als dem Schillerstein, lässt sich nicht viel ändern. Ich glaube aber, wir sind an einem Punkt angelangt, an dem unmissverständlich die Frage des Geschichtseigentums geklärt werden sollte. Etwa 0,2 Prozent der Bevölkerung besitzen 97 Prozent der Schweizergeschichte. Diese gehört jedoch dem Volk als Ganzem und keineswegs nur den linken Historikern, ebensowenig wie die Natur im Besitz der Naturwissenschafter ist. Folglich sollte es in einer Demokratie möglich sein, wenigstens die wichtigsten historischen Eckdaten dem Volkswillen zu unterstellen. Dadurch könnte der Gefahr einer «marxistischen Geschichtsschreibung», wie sie FDP-Präsident Franz Steinegger ortete, am besten entgegengewirkt werden.

Glücklicherweise haben in den vergangenen Wochen die Politiker die Wertung geschichtlicher Ereignisse in die Hand bzw. in den Mund genommen. Bisher fehlte ihnen aber dazu die rechtliche Grundlage. Mit einer umfassenden Deregulierung der Geschichtsdeutung soll dies jetzt geändert werden. Mit einer Klarstellung historischer Fakten durch die Stimmbürger soll von der Kartoffel (Christoph Kolumbus bzw. Traugott Wahlen) bis zum Apfel (Walter Tell) endgültig festgelegt werden, was nun war und was nicht.

Die 68er-Generation – heute noch auf Seiten der progressiven Historiker – tut übrigens gut daran, sich im Abstimmungskampf für eine definitive Schweizergeschichte mit der Aktivdienstgeneration zu verbünden. Denn sonst bleibt es nur eine Frage der Zeit, bis eine junge Historikergeneration daherkommt und frech behauptet, die Vietnamkriegsdemos seien nutzlos gewesen und 1968 sei überhaupt niemand sexuell befreit worden. *(13. März 1997)*

Schweiz küsst Welt

Unsere Heimat ist klein, sauber, landschaftlich hinreissend, und die Bewohner sind fleissig. Ausserdem leben wir – nach Angaben von Chr. Blocher – seit dem Westfälischen Frieden in ebendemselben und sind dafür dankbar. Alles Eigenschaften also, um uns so richtig gern zu haben. Nichtsdestotrotz hält uns gemäss einer Umfrage in der Europäischen Union eine renitente Mehrheit der Franzosen, Dänen, Holländer und Italiener nicht mehr fürs Gelbe vom Ei. Sie bezeichnen uns als konservativ, international ungenügend engagiert, unfähig zur Vergangenheitsbewältigung und fremdenfeindlich. Diese Unverschämtheit werden wir insbesondere dem frivolen Franzmann und dem müssiggängerischen Itaker nicht vergessen! Aber auch die unsolidarischen kleinen Käsekonkurrenten aus dem Norden sollten wir uns mal vorknöpfen.

Es wäre ein Leichtes. Und zwar mit einer beispiellos anbiedernden Goodwill-Kampagne, mit der wir uns wieder in die Herzen der Europäer einschleimen würden. Bei Erfolg müssten die Amis auch gleich mit einem Gutartigkeitsfeldzug überzogen werden, wie ihn selbst Hollywood nicht für möglich halten würde. Dort wäre zu überlegen, ob man mit einer Mitleidskampagne der rührseligsten Art nicht die grössten Fortschritte machen würde: Seht, wir sind so klein und reich, aber niemand hat uns lieb.

Da die Umfrage gezeigt hat, dass selbst die Europäer immer noch ungebrochen an den Milch-Uhren-Schokolade-Kitsch glauben, sollten die simpelsten Postkartenklischees hemmungslos in den Imagekampf einbezogen werden. Die Aktion würde gestartet, indem überfallartig Divisionen von Schweizer Schulkindern, eingekleidet als Heidis und Geissenpeter, die Grenzen zu Frankreich und Italien überschreiten, um die überraschten Bewohner mit Schoggitalern zu überhäufen. Gleichzeitig verlässt die Schweizergarde geschlossen den Vatikan, um künftig ihren Gratisdienst am Hof der dänischen und der niederländischen Königin zu verrichten. In Kopenhagen küsst Flavio Cotti in aller Öffentlichkeit einen eigens aus dem Flughafengefängnis Kloten eingeflogenen Asylbewerber fremdenfreundlich ab.

Selbstverständlich müssten auch die Botschafter der Schweiz im Ausland in diese Aktion einbezogen werden: öffentlich alte Leute über die Strasse führen, Tierwaisen aufnehmen oder Kerzenziehen mit Kindern. Nach dem Vorbild von Task-Force-Chef Thomas Borer, der mit der ehemaligen Miss Texas liiert ist, müsste Emil Steinberger mindestens die Miss Massachusetts aufreissen, und Martina Hingis sollte auch künftig Lindsay Davenport den Sieg überlassen. Jeder Schweizer in den USA hätte schliesslich anerkennend zu nicken, wenn ihn ein Amerikaner fragt, ob der König von Schweden immer noch Wilhelm Tell heisse.

Innerhalb eines Jahres würde sich das Image der Schweiz im Ausland grundlegend verbessern – bevor es dann schlagartig wieder auf einen Tiefstand absackt: Sobald sich UBS-Chef Robert Studer an einer internationalen Pressekonferenz als unschuldiges Opfer von Christoph Meili bezeichnet. *(23. Oktober 1997)*

Alle hier versammelten Texte von Viktor Giacobbo sind zwischen 1995 und 1998 erstmals im Schweizer Nachrichtenmagazin «FACTS» unter dem Kolumnentitel «Das letzte Wort» erschienen. Sie wurden vom Autor für dieses Buch teilweise überarbeitet.

Register

Abdankung 59
Ablass 59
Ablasshandel 156
Abstimmung auf Rädern 155
Abstimmungsinformationen 40
Aeppli, Regine 38
Affären 26, 121
Aktivdienstgeneration 209
al dente 150
Albisgüetlitagung 131
Al Fayed, Dodi 171
Alfieri, Ferdinando Pica 27
Alkohol 21
Allen, Woody 166
Andress, Ursula 112
Antiamerikanismus 170
Antibiotika 81
Antirauchergesetze 134
Apocalypse Equity Fund 128
Apokalypsen 127
Apotheker 81
Arbeitsgesetz 197
«Arena» 37, 170
Arier 77

Asyl 46
Asylinitiative 197
Asylpolitik 144
Atommüll 194
Auns 130
Ausbeutung 93
Aussenpolitik 69
Ausserirdische 109

Badewasser 130
Baez, Joan 54
Bakterien 81, 85
Balestra, Sandy 28
Bananenbreiflecken 34
Banco di Santo Spirito 66
Basileia 118
Basilikumsprössling 86
Baumann, Frank 163
Beerli, Christine 38
Begräbnis 174
Beichte 59
Beicht-Service 136
Benachteiligte 174
Bentinck, Witwe 27
Berger, Stefanie 164

Berlusconi, Silvio 139
Bern 15, 206
Best Zwingli of the Year 64
Bestechungsgeschenke 151
Bibel 167
Bichsel, Peter 45
Bieger, Thomas 140
Big Macs 126
Bignasca, Giuliano 27, 70
Binnenprominenz 182
Bischofskonferenz 60
Bistum 145
Blatter, Sepp 200
Blocher, Christoph 78, 130, 133, 168, 198, 211
Blödheit 93
Bodenmann, Peter 42, 197, 202
Bodenseeminister 208
Bonität 63
Bonsai-Bistum 146
Borer, Thomas 70, 212
Börse 48, 59, 61, 127
Boulevard 163, 171
Boulevardpresse 198
Boykottmassnahmen 191
Brack, John 70
Bratwurst 50
Braun 177
Brown & Williamson 20

Bruggisser, Philippe 121
Brunetti, Paolo 27
Brunner, Toni 207
Brunschwig, Martine 31
Buchs, Roland 137
Bühlmann, Cécile 38
Bundesanwältin 17
Bundesfeier 203
Bundesgericht 33
Bundeshaus 206
Bundesstaat 189
Bündnerfleisch 114
BZ-Bank 48

Cabiallavetta, Mathis 71
Calvin, Johannes 31
Cantor, Ellen 106
Castro, Fidel 133, 178
Chalet 33
Chaos 15
Chapuisat, Stéphane 174
Charles, Prinz 173
China 143
Chirac, Jacques 37, 195
Cholesterinbombe 105
Christmas Island 180
Chromosomen 92
Clinton, Bill 37, 104
Clouseau, Inspektor 18

CNN 105
Collins, Joan 173
Colt, 45er 21
Comiskey, Andrew 119
Computeranimation 83
Cool-Man™© 177
Cotti, Flavio 27, 53, 69,
　133, 157, 208, 212
Cotti, Gianfranco 27
Couch 102
Couchepin, Pascal 200
Cruise, Tom 174
CVP 26, 53, 119, 127,
　190

Dick und Doof 17
Dildo, Long John 107
Diözese 146
Diplomaten 69
Djibouti 17
Dogmatiker 133
Dolly 92
Don King 24
Donovan 179
Dreckschleudern 34
Dreher, Michael 155
Drogenkriminalität 17
Drogenmafia 18
Dünnpfiff 116
DVU 127

D'Amato, Alphonse 70
Dalai Lama 133
Damenfürze 204
Dänemark 211
Davenport, Lindsay 212
Dean, James 171
Demokratie 39, 142
Demonstration 48
Denken, ganzheitliches 189
Deregulierung 59, 210
Design-Stahlrute 185
Diamantfeiern 209
Diana, Prinzessin 101, 105,
　171, 174

E.T. 111
Ebner, Martin 48, 59
Eidgenossenschaft 71, 200
Eigentum 176
Eizenstat-Bericht 168
El Niño 134
Emissionszertifikate 156
Energie 93
England's Rose 175
Erektion 115, 191
Ernährung 87
Erotik 106
Estermann, Josef 54, 106

Eulenfalter 87
Europaaustreibungen 131
Europäische Union 211
Evangelisch-Reformierte 126
Exorzisten 140
Exorzistenbestecke 138

«Facts» 22
Fagan, Ed 193
Fäkalienabwürfe 97
Fäkalpointe 177
Farbe 176
FDP 22, 26, 53, 189, 191
Feinderkennung 16
Fellachen-Brunch 51
Felten, Margrith von 43, 54
Ferkeleien 83
Ferneemlassung 52
Fernsehen 113
Ferrari 67
Feuerwerk 204
Fiat 149
Fiat Lux 130
Fielding, Shawne 70
Film 165
Filmfestival Locarno 28
First Asparagus 193
First Phallus 104
Fischer, Konrad 48

Fiumicino 138
Fleischmehl 113
Fleurop 16, 55
Fliegenträger 50
Flohhüpfen 164
Flower-Power-Party 179
Flowers, Jennifer 37
Flüchtlinge 143
Fön 21
Fortpflanzung 91
Franchise 68
Frankreich 194, 211
Freestyler 24
Freienbach SZ 48
Freiheitspartei 54, 131, 155
Fremdenlegion 19
Frey, Walter 202
Frischlinge 206
Frosch 79
Fullpipe 24
Funeral Set 175
Fünf Tibeter 144
Furrer, Art 200
Fürst, Walter 209
Fussball 200

Ganesh 125
Gastgewerbe 182
Gault-Millau-Punkte 182

Gefühle 106, 109
Geldspeicher 71
Generation, 68er 210
Genf 31
Genschutzinitiative 84
Gentechnologie 84, 86
Gere, Richard 133
Geschichte 209
Geschichtsschreibung 210
Geschworenengericht 20
Gesellschaftskritik 168
Gewalt 184
Giezendanner, Ulrich 190
Glattal 152
Globisierung 71
Goldene Notrufsäule 153
Golfkrieg 105
Goodson & Mean's 64
Goodwill-Kampagne 211
Gore, Al 156
Gosztonyi, Annet 207
Gotthard 94, 154
Gotthardroute 149
Grabtuch Christi 128
Graf, Aline 164
Grant, Hugh 173
Greyerzer 81
Groer, Hans Hermann 64
Gross, Andreas 174
Grossbanken 63
Grosskirchen 64
Grundwasser 30

Grünspargel 191
Guerillas 18
Gunstquoten 198
Gunzgen Süd 152
Gurkenkäfer 87
Gürtellinie 45

Haas, Wolfgang 59, 140, 144, 145
Haering Binder, Barbara 37, 43, 146
Haider, Jörg 177
Hakle 177
Halfpipe 23
Halsband 159
Haltbarkeit 87
Hammer, Sledge 18
Hämmerle, Andrea 38, 43
Handelskrieg 191
Handy 67, 79
Harakiri 209
Hayek, Nicolas 40
Heilmethode 102
Heimat 211
Helms, Jesse 106
Helsana 67
Helvetische Republik 196
Hendrix, Jimi 179
Herczog, Andreas 43
Heroinabgabe 197

Herriger, Catherine 44
Hess, Hans 127
Hinduismus 125
Hingis, Martina 193, 200, 212
Hirtentreiber 136
Historiker 210
Ho Chi Minh 179
Hochadel 81
Höhenfeuer 204
Hohle Gasse 152
Holiday on Halfpipe 24
Höllenhunde 166
Hollywood 26
Holzköpfe 50
Homosexualität 118
Horgen 140
Hosenträgerzwang 203
Hubacher, Helmut 207
Hubbard, L. Ron 126
Hussein, Saddam 105

Illnau-Effretikon 152
Image 212
Implantierung 78
Indien 125
Integrität 103
Internet 135
Interpol 17
Irak 104

Isaak, Chris 184
Islam 31
Italien 150, 211

Jackson, Michael 77, 92, 97, 133
Jelinek, Elfriede 184
Johannes Paul II. 133, 136
John, Elton 175
Jones, Paula 37, 104
Joplin, Janis 179
Jorge, Artur 39
Journalisten 115
Jugend 53
Jugend ohne Pickel 51

Kabarettist 168
Kacke 85
Kaffeerahmdeckeli 63
Kalbskopf 77
Kamillosan 68
Kannibalismus 118
Kantonspolizei Zürich 17
Kara ben Nemsi 167
Karadzic, Radovan 19, 184
Karl der Kühne 209
Kartoffel 210
Käsefondue 81

Käseunion 23
Katholiken 60, 140, 145
Katzmann, Bo 193
Kestenholz, Ueli 23
Kid-Sharing 62
Kinder 61
Kinderlärm 33
Kinderspielplatz 33
Kinnbärtchen 24
Kipplimousinen 79
Kirche 64, 127, 135
Kirchenglocken 32
Kirchenrating 66
Kissinger, Henry 174
Klamauk 46
Kleinstaat 143
Klimakatastrophe 157
Klischeeschweizer 168
Koch, Ursula 146
Kohl, Helmut 127
Koller, Arnold 197
Kolumbien 17
Kolumbus, Christoph 210
Kolumne 22
Komik 37, 45
Kompatibilität 149
Königspudel 85
Konkordanzdemokratie 39
Kontaktanzeige 122
Kopfbedeckung 31
Kopp, Elisabeth 42
Koran 167

Körper 83
Korruptionskonferenz 17
Kostümfest 179
Kotzen 15, 93
Krankenkasse 68
Krebsmaus 84, 92
Krippenspiel 207
Kuba 134, 177, 193
Kübler-Ross, Elisabeth 153
Küchenlateiner 142
Kuh 176
Kulturpolitik 106
Küng, Hans 138
Kunin, Madeleine 70
Kunst 106
Kussechtheit 47

Lachen 170
Laetitia 113
Lagerfeld, Karl 174
Laizismus 31
Landesmuseum 190
Landfrauenbund Dietlikon 151
Landjäger 81
Lärm 33
Leary, Timothy 179
Lebertranzertifikat 157
Ledergerber, Elmar 43
Lega dei Ticinesi 27

Lehmann, Stephan 200
Lehrer 31
Lehrlinge 206
Lesben 118
Leutenegger, Hausi 183
liberal correctness 106
Liberalität 190
Lieblingspositionen 164
Liechtenstein 143
life guard 21
Lila 176
Lindau 152
Literatur 47
Little Rock 104
Lombardeiraubzüge 139
Lucky Strike 20
Lufthansa 122
Luftverkehr 122
Luxusprodukte 61

Macho 185
Madonna 173
Madonnen 64
Maiszünslerlarven 87
Mandatlosenversicherung 190
Männer 29, 184
Männersteuer 30
Mantegazza, Geo 27
Marple, Miss 18

Marsmenschen 109
Martelli, Kathrin 182
Marti, Werner 43
Martinetti, Nella 101, 183
Masoni, Franco 27
Masoni, Marina 27
Maurer, Ueli 38, 198
Maus, graue 180
Maximo Líder 133
McCartney, Paul 133
Megagigafusion 71
Meienberg, Niklaus 164
Meili, Christoph 193, 212
Meili, Giuseppina 70, 193
Melchthal, Arnold von 209
Mensch 82
Menschen hinter Glas 163
Menschenrechtspolitik 143
Mercedes 79
Messner, Reinhold 173
Miesch, Christian 131
Mikado 209
Milch 125
Milka-Kuh 176
Milkapastetli-Branche 177
Mitleidsflügel 175
Mladic, Ratko 19
Mobutu Sese Seko 68
Mondopunkte 63
Monroe, Marilyn 83
Monsignore 138
Moralapostel 106

Mormonen 128
Moser, Tilmann 103
Motto 179
Mozzarella 86
Mühlemann, Ernst 208
Multikulturalität 155
Mururoa-Atoll 195
Muschg, Adolf 46, 170
Mutter aller Kirchen 118
Mutter Teresa 175

Nabholz, Lili 38
Nagra 194
NASA 111
Nationalstrassen 151
Natur 86
Nebenwirkungen 116
«Neue Zürcher Zeitung» 24, 125, 191
Nidwalden 195
Niederlande 211
Nonkonformisten 23
Nonnen 32
Novartis 77, 85

Oblaten 136
Oblatenstanzerei 137
Öffentlichkeitsarbeit 48

«Offertory 95» 136
Ogi, Adolf 37, 78, 164, 174
Onorevole 150
Opus Dei 138
Orang-Utan 82
Organverpflanzung 77
Orlowski, Teresa 107
Ospel, Marcel 71
Ostern 154
OSZE-Hauptgeneralsekretär 208
Ozon 158

Paparazzi 171, 175
Papst 92, 139
Papstbesuch 134
Parker-Bowles, Camilla 173
Parkettdiplomaten 70
Parlamentarier 78, 206
Partei, staatstragende 189
Parteien 53
Partnerschaft 121
Partys 179
Passivkinderhaltung 61
Patentierung 84, 176
Patentpolitiker 85
Patriarchen 133
Pausen®-Milch 177
Pavarotti, Luciano 174
Peanut-Butter-Sandwich 173

Pellanda, Giorgio 27
Pendolino 149
Pestalozzikalender 209
Pferdesportler 90
Pfizer 115
Pflanzen 86
Pflasterstein 209
Pharmaindustrie 78
Pharmalebensmittel 81
Piazza Grande 28
Piccard, Bertrand 134
Pintér, Emil 101
Pissigehen 30
Pitt, Brad 83
Planet Hollywood 182
Planet Leutschenbach 183
Plazenta 93
Polenta 87
Politintrigen 26
Polynesien 195
Ponte, Carla del 17
Pontifex Maximus 133
Populismus 198
Pornographie 106, 112
Pösel, Frau Dr. 42
Potenzsteigerung 94
Presley, Elvis 173
Presse 115
Prix Dogana 153
Prix Kaverna 153
Prix Strada 151
Prix Walo 168

Pro Humore helveticae 146
Pro Parlamente Sana 206
Pro Specie Rara 158
Pro Via 151
Prominente 164, 183
Protestanten 31, 142
Pulver, Lilo 174
Punks 15
Putschversuch 137
Putzfrauen 32
Puurezmorge 51

Rache 97
Randegger, Johannes 85
Rarotonga 195
Raumfahrt 109
Real-Time-Animation 83
Reber, Peter 24
Rechsteiner, Rudolf 43
Rechtschreibreform 51
Rechtssprechung 20
Rechtssystem 156
Redundanzzertifikat 157
Reimann, Maximilian 202
Reinkarnation 90
Reizthemen 198
Religion 31, 125, 127
Reliquienmanufaktur 137
Rellstab, Thomas 140

Rennpferd 90
Rey, Jean-Noël 190
Rey, Werner K. 18
Rich, Gwendolyn 173, 183
Richter 20
Rinder 112
Rinderwahnsinn 93, 112
Ritz 175
River Kempt 152
Robilady 30
Robiman 29
Roche 85
Rolex 67
Roli I. 137
Rollkragenpullis 142
Rom 96
Römer-Orgie im Bierteig 179
Rominger, Tony 70
Rondo Veneziano 24
Rothenbühler, Peter 163
«Route 66» 152
Rückschaffung 144
Ruhebedürfnis 34
Rustici 26

Saas Grund 39
Sabena 122
Sachsen-Anhalt 127
Salamisandwich 158

Salvioni, Familie 27
Samaranch, Juan Antonio 23
Sandimmun 77
Satan 118
Satire 46, 154, 168
Saufen 15
Sauglattismus 45
Saugwurm 89
Saukerl 82
Savannengürtel 152
SBB 149
Schadenersatzklagen 20
Schädlinge 87
Schafskopf 77
Schaller, Anton 207
Schaufenster 163
Scheisse 177
Schiene 149
Schillerstein 209
Schiltknecht, Kurt 50
Schneider, Vreni 174
Schöpfung 89
Schriftsteller 46
Schule 31
Schüler 32
Schwanz 104
Schwarzenegger, Arnold 182
Schweinebraten 81
Schweineschwänzchen 78
Schweiz 150, 209, 211

«Schweizer Illustrierte» 164, 173, 200
Schweizerdeutsch 52
Schweizergarde 212
Schweizergardisten 137
Schweizerische Punk-Union 16
Schwerverkehrsabgabe 193
Schwule 118
Scientist's Digest 84
Scientologen 60
Scientology 126
Sekten 128, 130
Session 206
Sexaffären 101
Sexshops 106
Sextourist 121
Sexualität 103, 109, 119
Sexualpraktiken 110
Shareholder Christi 142
Shareholder Values 61
Sieber, Ernst 207
Simpson, O. J. 19
Singapore Airlines 121
Sissi, Kaiserin 171
SJW-Hefte 209
Skandale 26
Skinscent-Splasher 184
Sky over Bagdad 105
Slater, Christian 184
Snöber 23
Snöber-Biathlon 24

Snowboarder 23
Sojabohne 87
Somalia 17
«Sonntags-Blick» 59
Souvenirprälat 146
Sozialstaat 190
SP 42, 45, 48, 107, 189
Spargel 191
Spermien 91
Sport 89
Sprachästhetik 165
Sprache 51
Sprachsensibilität 46
Springsteen, Bruce 193
St-Tropez 175
Stadler, Peter 130
Stadtmarketing 29
Stamm, Hugo 44
Standard & Poor's 63
Staphylokokken 81
Stare 96
Statussymbole 67
Stau 93, 154
Stauffacher, Werner 209
Steinberger, Emil 212
Steinegger, Franz 38, 150, 190, 210
Stich, Otto 43
Stimmzettel 40
Stone, Oliver 173
Strahm, Rudolf 43
Strandtuch Petri 128

Street Parade 53
Studentenverbindung,
  schlagende 16
Studer, Robert 60, 73,
  212
Styger, Gody 101
Subventionen 62
Suchard 176
Sunset Boulevard 183
Supererzkardinalfürstbischof
  146
Suppenkasper 38
SVP 45, 51, 54, 189, 197
Swiss-Army-Knives-Markt
  193
Swissair 23, 121
Swisscom 60
Swisskath 60
Swissprom 182
Synchrontitel 165

Takeovers 60
Tanz 53
Techno-Bewegung 54
Teeniebands 113
Teenies 112
Telefon 42
Tell, Walter 210
Tell, Wilhelm 209, 212
Tessin 26

Test-Ladies 102
Testvögeln 115
Teufel 140
Therapie 103
Thomke, Ernst 40
Thurnheer, Beni 183
Thurtal Excellence 122
Tibeter 143
Tiere 89, 96
Tiermehl 93
Toilette 29
Tourismus 158
Transittouristen 159
Transsubstantiation 135
Traumhochzeit 71
Tschador 138

UBS 71
Ugly Swiss 168
Uhse, Beate 110
Umpolung 118
Unabhängige Beschwerde-
  instanz (UBI) 170
Unfehlbarkeitsdogma 132
United Airlines 122
Unten-ohne-Zmorge 180
Unterschichten 131
Uriella 60, 128, 130
Urinieren 29
Urintrinker 93

Urne 40
USA 21, 70, 104, 156

Vaduzologen 144
Varig 122
Väth, Sven 54
Vatikan 66, 128, 135, 137
Vegi-Porno 107
Veranschaulichung 176
Vergangenheitsbewältigung 211
Vergebung 156
Vergewaltigung 110
Verkehr, öffentlicher 149
Verkehrsspiesser 154
Verklagungsindustrie 21
Verletzlichkeit 186
Versace, Geschwister 174
Versäuberung 30
Verwöhnaroma 82
Vetterli, Werner 38, 208
Via Dolorosa 152
Viagra 115
Vielweiberei 121
Villiger, Kaspar 157
Virus 85
Visionen 48
Vogelkot 96
Volkspapst 138
Volksrechte 41

Vollbartrechte 178
von hinten 164
von vorn 164
Vorderbänkler 207
Vulgär-Manna 96

Wahlen, Traugott 210
Wählerpotential 53
Wahnsinn 113
Wallis 200
Webber, Andrew Lloyd 173
Weber, Monika 164
Wegwerfpferde 90
Weichteile 92
Weihnachten 133
Wellenberg 194
Welt 211
Weltklimakonferenz 156
Weltraum 110
Weltuntergang 127
Werbebotschaften 22
Werbeslogans 45
Werbung 163
WestBam 54
Westfälischer Frieden 211
Wiederansiedlung 159
Wiedergeburt 90
Windsors 173
Winkelried, Arnold 209

Winterspiele, olympische 23
Winterthur 29, 152
Wirtschaftsaffären 26
Wissmann, Matthias 193
Witzgewerbe 146
Wolfenschiessen 194
Wonderbra 193
Wunder 125
Wurstrohstoff 84

Xenotransplantation 77, 89

Yamaguchi-Universität 91
Yeti 173

Zaster 71
«10 vor 10» 37
Ziegeneuter 78
Ziegler, Jean 70, 207
Zigarren 193
Zimmerli, Ulrich 190
Zugvögel 97
Zungenküsse 81
Zurbriggen, Pirmin 200
Zürich 106, 152
Zweiter Weltkrieg 209
Zwingli 125
Zwingli-Genussscheine 128

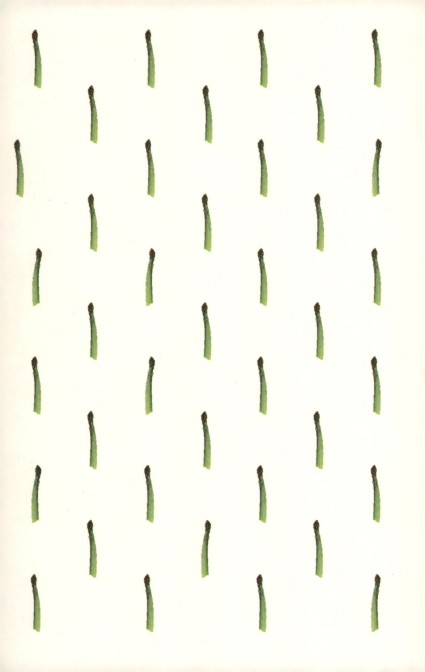